OKUMA CHIYO

大熊茅楊

易学入門

講義録

二見眞有　著
福田有宵　監修

説話社

はじめに　〜筮竹さばきは、あたりをはらう威厳と気品に満ちて

　本書は、大熊茅楊先生の初等科講義をまとめた書物です。

　大熊茅楊先生の講義中の口述を手書きしたノートをデータ化しましたので、わかりにくい箇所は補わせていただきました。そして、私の講義ノートが横書きでしたので横組みの本にしました。

　六十四卦については、解説の項目や内容が卦によってばらつきがありますが、ここは講座でお話しされた解説をそのまま掲載させていただき、講義を受けている雰囲気を感じてくだされればと思います。そして、講義中に解説された重要な言葉などは、第1章に「用語解説」としてまとめました。

　初等科では易の歴史や卦の成り立ち、六十四卦の概要など基礎を学びます。さらに師範科に進んでから、初爻から上爻までの各爻について詳しく学んでいくというのが大熊先生の指導法でした。

　これから易を学びたい人、易の解釈をさらに深めたい方も、"易の神様"といわれた大熊茅楊先生の講座から、易の神髄に触れていただきたいと思います。

　生徒は講義中、幅の狭いテーブルの前にすし詰め状態で座り、先生の言葉を呪文のように一言も漏らさぬように鉛筆を走らせます。大熊先生のお声と時折、タバコの灰を落とすパイプの「トントン」という音だけが聞こえていました。易は難解な字もありますが、大熊先生が"文字の先生"と称される金子周敬先生が黒板

横の椅子に座っておられて、黒板に難解な漢字を書いてくださる
のですが、ゆっくりと写している時間がありませんでした。現在
のように写真つきメールも取れず平仮名で筆記したため、漢字変
換できていない文字もあると思いますが、どうかご容赦ください。

　私の母が大熊茅楊先生とご縁があり、母のお供でお伺いしたこ
とから先生の門下生になり、運命学の学びがスタートしました。
　一人の師の元で、時間をかけてさまざまな占術を学ぶという恵
まれた環境の中、週2日3講座を学び、月例会、講演会など、私に
とっては、占術が恋人といえるような年月が過ぎていったのです。
　手相学、人相学、家相学、姓名判断、九星気学、そして易学と、
すべて修めておられる大熊先生ですが、特に易でお名前が知られ
ています。立筮の筮竹さばきには、あたりをはらう威厳と気品を
感じました。常にクライアントの幸せを願い、無の真摯な心で筮
を立てるお姿は、読経する僧侶と同様に近づき難い雰囲気でした。
　先生は立筮を開始するタイミングは、「コップの水があふれる
寸前！」とよく話されておいででした。
　それはまさに「魔の一瞬」であり、選ばれし者のみが到達でき
る領域だ、と今ならわずかながらでも、わかるようになったとは
思われます……。
　大熊先生の鑑定は、ストレート勝負です。スライダーもカーブ

もフォークもありません。わかりやすい言葉で胸にドーンと響きます。これが最大の魅力であり、武器なのだと実感しています。

鑑定は、主に略筮法（三変筮）を使用されていました。

ごまかさず、簡単明瞭な表現で、一刀両断な卦の解説。学びと実践の積み重ねと天賦の資質が成せる技なのでしょうか。私にはわかりませんし、一生かかっても到達できない領域です。

ただただ、大熊先生を信じ、どこまでもついて行こうと念じておりました。

私が易の虜になったのは月1回の射覆（箱の中の品物を当てること）の授業からです。初めて筮竹で立てた卦（略筮）で射覆の品物を私1人が的占し（当てて）、ご褒美に、その品物を大熊先生からいただきました。この日から私は、易の世界に魅入られてしまったのです。

大熊先生が加藤大岳先生のもとで易学を学んだ、ということは存じあげております。"易の神様"と世間から認知されるようになられたかは、大まかの認識しかありません。

NHKテレビ「生活の知恵」に易占いで出演されたのをスタートにテレビ、ラジオ、週刊誌などに多く出演され、独特の風貌とズバリ言い当てる見事さから、時代の寵児となられたのです。

1973年（昭和48年）、浅野八郎先生を会長とし、大熊茅揚先生を副会長として日本占術協会を創立。2024年（令和6年）一般社団法人 日本占術協会は、創立50周年を迎えます。

　大熊先生は「カラオケ」がご趣味でした。

　浅野会長と大熊先生のデュエット「銀座の恋の物語」がオオトリの定番！　お二人がご存命ならば、もう一度お聞きしたいと願ってしまいます。

　茅揚同人会員の末席におります私ですが、大熊茅揚先生への「レクイエム」としてこの本を書かせていただきました。執筆中は、いつも先生がお隣にいてくださり、幸せでした。忘れていたり、難解だったりした事柄には、本やインターネットや多くの方々に助けていただき、ありがとうございます。私自身も勉強になりました。易の奥深さに未熟さを実感する日々です。

　本にするチャンスを与えてくださった説話社及び関係者の皆さま、多大なご尽力をいただいた同社の酒井陽子さま、そして貴重な時間を費やして監修くださいました福田有宵先生に、心より感謝を申し上げます。

二見　眞有

※この講義内容は1984（昭和59）年〜1985（昭和60）年の講義録です。令和6年に日本占術協会が創立50周年を迎えるにあたり、記念の年に、大熊茅揚先生の易学初等科講義ノートを本にしました。

もくじ

大熊先生とのエピソード

第1章

基礎編

【1】

易の起源

▌ 易の成立　易→周易→易経へ

『易経』を解釈する方法として、次の2つに大別できます。

1、象数派　～漢の時代の儒者（古話）が、かたちや数でみて判断する（漢易）。

2、理義派　～哲理（物事のことわりや人の道）を主としてみていく。理論的な解釈（宋易）。

　易は、もともと「象」と「理」の2つを兼ね備えて成立したものです。象数だけでも、理論だけでもだめで、両方合わせて見ていきます。

　宋の時代に「程子の易伝」と言われたものが、徳川時代の官学になり、多くの藩で用いられました。朱子の本義です。

　程子―儒教を主とした解釈が多い
　朱子―理義と象数を兼ねている

「程伝朱義」と称して、易の本のバイブルのようなものです。易を学ぶとともに、その徳を養うことも必要なのです。

上巻は6000年前、三皇時代（伏羲、神農、黄帝）にできました。

易のもとをつくったといわれている伏羲は、畋漁牧畜（漁獲、牧畜の収穫物を料理して生活の足しにする方法）を、多くの人民に教えました。"庖厨料理の神様"と呼ばれ、庖犠とも、大昊（聖明）とも呼ばれました。一説では、個人名ではなく、1つの民族の名であった、とも言われています。

文王は、周の王、武王の父です。

今から3000年前、殷の紂王の時代、西方諸侯の長となりました。西伯（頭がよく偉い人）とも言います。人気がありすぎて、紂王ににらまれて、現在の河南省にある羑里に、幽閉されました。閉じ込められているときに、易を研究し、作って、広めたと知られています。

周公は、文王の子で、殷の国を滅ぼして、周王朝を立てた武王の弟。その名を旦といい、周の時代に父・文王のあとを継いで、易を立てました。（P.12の図参照）

周易について

周易は、周公が大勢の学者の協力を得て、まとめたもの。いろいろ易の予言や三百八十四爻の辞をかけたと伝えられます。

周の時代にさかんに研究されたので、「易」といえば、周易のことをさします。周で用いられた易は、当時は、連山易、帰蔵易、周易の3つがありましたが、先の2つはすたれて（記録がなく）、周易が残りました。

時代が下り、周の春秋時代（今から2500年前）孔子は、魯の国に生まれました。儒教の祖（もと）であります。名を丘といい、字（成人後に実名の他につける別名）を仲尼といいました。

　はじめは魯の国の王に仕えて、多くの弟子を教育したり、いろいろな書を作ったりしました。

　易を研究して、弟子たちの協力も得て、「十翼」（翼伝十篇）を完成させたと言われています。

　「十翼」は、『易経』の注釈書で、次の10編で、いろいろと易の理論や組織や哲学的な見方ができるとしました。

　「彖伝」上・下、「象伝」上・下、「繋辞伝」上・下、「文言伝」、「説卦伝」、「序卦伝」、「雑卦伝」の10編から成り、とくにはじめの３冊が孔子の思想が織り込まれていると言われています。が、どこまでが孔子の思想か、門弟の思想か不明なところがあります。

　つまり、易は、伏羲が八卦を作り、文王が卦辞を作り、周公が爻の辞をつなぎ、孔子が「十翼」を著したとされています。

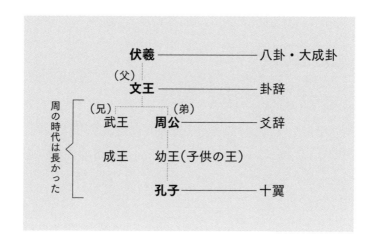

　他の説として、八卦の元は、陰と陽の２つのことであり、陰と陽は、否定と肯定です。文字も言葉もない頃、縄を切って、イエス・ノーを縄法（符号）として、おまじないに使われていました。伏羲があまりに伝説的になっているので、易の思想の根本的なものは、陰と陽であるとし、

　　　陽は剛であり、動である
　　　陰は柔であり、静である

　自然界、人間界のいっさいのものを、陰陽を当てはめて、その陰陽がまじり合い、変化し合って、また時に応じて、その時、そのものに対する対処策を教えます。

▎易占いとは

　易は、中国の儒教の経典「四書五経」の中の１つである『易経』を基礎理論として発達したものです。

　四書　「大学」「中庸」「論語」「孟子」
　五経　「易経」「書経（しょきょう）」「詩経」「礼記（らいき）」「春秋左氏伝」＋「楽器」
が加わり六経といわれますが、のちに「楽器」が外れ、五経が残りました。秦の時代に、始皇帝のもとで「焚書坑儒（ふんしょこうじゅ）」が行われ、書物が焼かれましたが、医薬、農業関係、卜筮（ぼくぜい）の書物は除かれたので、残りました。

　おさらいになりますが、三皇時代（伏羲、神農、黄帝）に伏羲

という皇帝が天の象（かたち）を見て、地の法則をきわめて、天地自然の法則に従って、人事百般に活用していくために、八卦を作ったとされています（5000〜6000年前）。その後、周の時代に、孔子その他の人が『易経』を完成したので、「周易」と伝説で言われています（3000年前）。

　八卦を順々に積み重ねていって、六十四卦を作り、一卦の中に六爻が入っています。三百八十四爻（64×6）の中に辞（ことば）がかけてあります。その辞を爻辞といいます。（陰と陽、消長、剛柔、応否を組み入れて）

　八卦は自然界の８つの要素に当てはまるのです。
　八卦は、この世界の天地万物、自然界の、

「天　沢　火　雷　風　水　山　地」

の八原子に、そのすべてが当てはまると考えられました。つまり、乾＝天、兌＝沢、離＝火、震＝雷、巽＝風、坎＝水、坤＝山、艮＝地です。

　『易経』というのは、天地万物の生生化育を説いたものであり、人生哲学、自然科学、処世学でもあるわけです。
　ちなみに、『易経』の経という字は、織物の縦糸のこと。織物はその縦糸を元にして、それに横糸を通して織っていくもので、織物の根本になります。

『易経』は、天地自然の中での根本的な理由（理屈）を説くものであって、すなわち、天と地の中に生きている根本的な道であります（万物は生々変化して、止まず育っている）。

「易は帝王の学なり」（根本通明博士　明治天皇へご進義）という言葉があります。

　しかし、いくら立派な学があっても、また、それを極めても、活用しなければ、象牙の塔、ペーパードライバーとなってしまいます。易というものは、学と術を上手に用いてこそ、本当の易占いということになります。

▌易の字源

　易という言葉の元となった説は3つあります。

　蜥易説（せきえき）──トカゲの象形文字。トカゲは保護色を持った動物で、1日に12回も物に応じて上手に色を変えるといわれます。易は、人生行路のさまざまな変化に対応して、よりよい生活を築いていく道を教えるもの。「易は通変の道」と言います。

　日月説（にちげつ）──日と月を合わせたもの（明るい）。日を陽として、月を陰とします。易は陰と陽の消長から成り立ちます。

　観測説──易は、日という字に勿（なかれ）という字。「禁止」と「命令」を意味します。その日の天候によって進退出処の機会を教えます。

【2】
八卦の成り立ち

卦の成り立つまでの順序

『易経』の「繋辞伝」には、八卦の成立について、次のように述べられています。

「易に太極あり、是れ両儀を生ず。両儀は四象を生じ、四象は八卦を生ず」

「太極」とは、中心をいったもの（陰陽もわからない。混沌としてはっきりしないもの）のことです。

　易は思想的に大きいもので、宇宙の中の何もない時、これからあらゆるものを生成しようという元気・鼓動・動きを示します。

「両儀」とは、陰陽のこと。

　太極の両面である、中心の中にある易は、一切のものを陰陽に見て、すべてのものはみな陰陽が入り混じり、結び合っているものとして、この両儀を易の根底とみなすことができます。

　両儀のうちの 陽を ━━ 、陰を ━ ━ で表します。

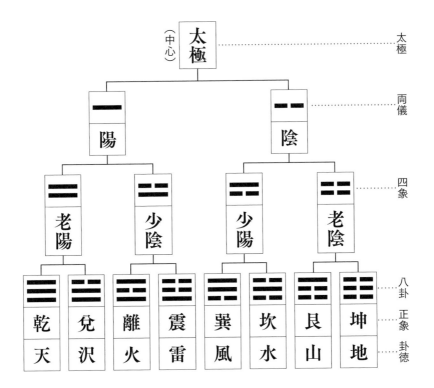

八卦の構成と爻について

　易ではこの世界のすべてを陰と陽に分けます。「陽」は男、昼、日、「陰」は女、夜、月となります。「卦」は陰と陽の組み合わせで表現され、8つの卦（乾・兌・離・震・巽・坎・艮・坤）ができ、八卦といいます。2つの八卦の組み合わせで、八×八で六十四卦ができます。

　爻は棒の1つ1つをいいます。卦は6つの爻から成り、3つの爻から成るものを「小成卦」、上下2つを組み合わせたものを「大成卦」といいます。

6つの爻は、下から初爻、二爻、三爻、四爻、五爻、上爻、と数え、下の三爻が「内卦<ruby>内卦<rt>ないか</rt></ruby>」、上の三爻を「外卦<rt>がいか</rt>」といいます。「内卦」は自分自身、内面、指導される側を表し、「外卦」は相手、外部環境、指導する側に当たります。

- 大成卦 ── 小成卦を二つ重ねたもの。六十四卦（8×8）
- 小成卦 ── 棒（陰・陽）が三本ずつ並んでいるもの。
　　　　　　 八卦（2×2×2）
- 爻 ── 棒一つ一つをいう。三百八十四爻（64×6）

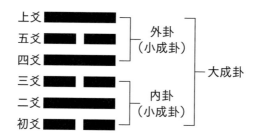

動爻（変爻）について　～之卦<rt>しか</rt>

　6つの爻の中で、注目すべき1つの爻が導かれますが、これを「爻を得る」という言い方をします。陰陽はつねに変化するという思想から、爻が変化してできた卦も重要視されます。動爻（変爻）といい、転じた卦を「之卦」と呼びます。

　易は、小成八卦を土台として重ねられた六つの画<rt>かく</rt>を変化させ、三百八十四爻を行き通わせ、人事や自然のさまざまな現象を究理するよう組み立てられました（384の変化）。

「卦」は問題に対する静的な状態を表す。

「爻」は問題に対する動的な状態を表す（爻の字義は、交わるという意味）。

　爻は、互いに交わって卦をなすという見方と、交わって動けば、他の卦に変化していくという見方があります（之卦）。

例：「乾為天」で二爻を得た場合

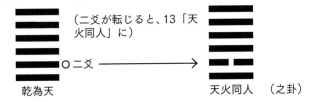

易は逆数なり ～下から上へ数える

「爻」は下から数え、一番下を初爻、順に二爻、三爻、四爻、五爻、一番上を上爻という。

　なぜ“易は逆数なり”というのか、と言いますと、「順」は、現在を起点として、順を追って過去を明らかにすること。「逆」というのは、将来を推し量ること。易は過去、現在、未来を推し量り、考える学問なので、これを「逆数」と言っているのです。

「陽」の裏には陰、「陰」の裏には陽がある

陽の爻を「九」、陰の爻を「六」といいます。

　例えば、陽爻の初爻→初九、陰爻の初爻→初六、陽爻の二爻→九二、陰爻の二爻→六二、などと表します（次ページ参照）。

上六（上爻）	上九（上爻）
九五（五爻）	六五（五爻）
六四（四爻）	九四（四爻）
九三（三爻）	六三（三爻）
六二（二爻）	九二（二爻）
初九（初爻）	初六（初爻）
「水火既済」	「火水未済」

三才（天・地・人）の位<ruby>位<rt>くらい</rt></ruby>

　宇宙を構成するものは、天・地・人の３つの要素で成ります。

【陰陽の定位】＝ 陽奇陰偶の位
（奇数）（偶数）

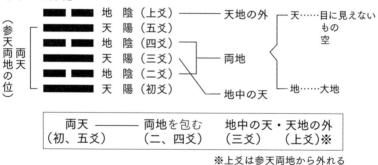

小成掛の三才の位 ┌ 天
　　　　　　　　　 人
　　　　　　　　　└ 地

大成掛の三才の位

「水火既済」

「水火既済」

（参天両地の位）	両天	地 陰（上爻）	天地の外	天……目に見えないもの 空
		天 陽（五爻）		
		地 陰（四爻）	両地	
		天 陽（三爻）		
		地 陰（二爻）		
		天 陽（初爻）	地中の天	地……大地

両天	両地を包む	地中の天・天地の外
（初、五爻）	（二、四爻）	（三爻）　（上爻）※

※上爻は参天両地から外れる

位が当たっている・外れている

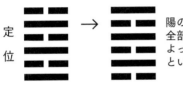

定位 →

陽の位のところに陰がいる。
全部が反対。
よって、この爻は位が外れている
という。

「水火既済」　「火水未済」
すべての爻の　すべての爻の
位が当たっている　位が外れている

貴賤の位

初爻から上爻まで示す地位、役割、場所、部位をわかりやすく区分けした表

爻＼場合	国	会社	家庭	都、村	人体	夫婦
上爻	元老・顧問	会社・相談役	祖父母	郊外	首・頭	姑
五爻	天皇・大統領	社長	父	首都	胸・背	夫
四爻	大臣	部長・支配人	母	大都会	腹	小姑
三爻	知事	課長	一番上の兄姉	市	股・腰	小姑
二爻	町長・区長	係長	中の兄弟姉妹	町・区	脛（すね）	妻
初爻	庶民・大衆	平社員	一番下の弟妹	村（寂しい）	足	

例

├─ 外卦……相手、家の外　後半　二階

└─ 内卦……我（自分）、家の中　前半　階下

応爻……（応じている）：初爻と四爻、二爻と五爻、三爻と六爻
　が陽と陰

比爻……（比している）：上下の隣同士。仲が良い

　（例）初爻と二爻、二爻と三爻

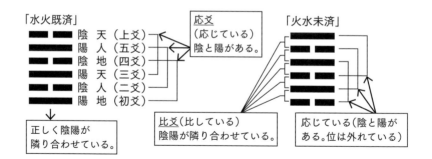

← 陰と陰。応じていない。

比爻は、陰爻を主にしてみる

乗る………陰爻が陽爻の上にある

承ける……陰爻が陽爻の下にある

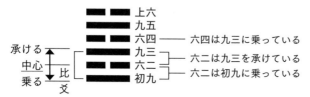

六四は九三に乗っている

六二は九三を承けている

六二は初九に乗っている

害応……陰と陰・陽と陽の応の関係がある。

害比……陰と陰・陽と陽は比さない。

害応（陰と陰）

応爻（陰と陽）

　応爻があるから必ず吉とはいえません。
いくら応じて（比して）いても、その人と仲良くすると自分がマイナスになる時があります。応じていい場合と、応じてはいけない場合とがあります。

先生が好きだった「天火同人」

　私は以前、ある占術団体から入会のお誘いを受けました。入会後、すぐに重要なポストをくださるという待遇です。

　お誘いを受けたら？　得卦「火天大有」六五（五爻）　私には過ぎたる役職であり、回りの方々に支えがなければ保てないであろうと推測……。

　お断りしたら？　得卦「天火同人」六二（二爻）に愕然としました。「天火同人」は、大熊先生のお好きだった卦なのです。そして「天火同人」は、「火天大有」の綜卦（卦を向こう側"上"から見る）なのです。綜卦は神様目線で卦を眺める方法とも言われています。

　大熊先生は、「天火同人」を通じて、「同じ志の同人（仲間）とわが道を進め」とアドバイスをくださいました。これは、天国からのメッセージだ、と私は受け取りました。

　過分なお誘いをお断りして、以来「マイウエイ」を歩んでいます。私は、上の世界からのご指導をいつも待ち受け中……。何といっても大熊先生は"易の神様"なのですから!!

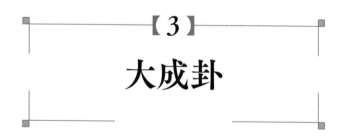

【3】
大成卦

大成卦の中にある「互卦約象」とは

　小成卦を二つ重ねたものが大成卦です。その二・三・四爻と、三・四・五爻で別の大成卦ができることを互卦約象といいます。

　1つの大成卦の中にあって判断する時に、互卦約象をとって、別の大成卦の内容などを見ます。いつも必ず見るわけではありませんが、複雑な時や、納得できない時に深く掘り下げて鑑定したい場合など、互卦約象をとってみると、別の視点からの判断が加わり、鑑定の幅が広がる利点があります。（P.45「用語解説」）

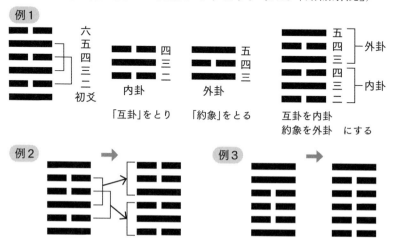

例1

六五四三二初爻

四三二
内卦

「互卦」をとり

五四三
外卦

「約象」をとる

五四三　外卦
四三二　内卦

互卦を内卦
約象を外卦　にする

例2

例3

中正、不中、不正

爻の徳があるかないかということで、易では中正 を重んじます。

中………「中庸之徳たるや、基レ至レル乎」。(「論語」) 中庸の
　　　　　徳というものは絶対不変である。

中………物の中心にあたる。すべての物には中心がある。中心
　　　　　(真ん中) は1か所だけ。中心にあたるということが中
　　　　　を得るということ。

中庸……的を射た。どちらにも片寄らない正しいこと。絶対不変。

○ 父：主人

○ 母：妻

二爻と五爻は、
1つの卦の中にあって
要となる爻

小成卦の真ん中であり、
二爻は内卦の中心
五爻は外卦の中心

↑
一家にあてはめると初爻から上爻まで位がある

他の爻と区別している

・五爻 ― 陽の位に陽でいる (位があたっている)
　　　― 剛健中正という：(陽は強くて健やか) 正しくあたっている
・二爻 ― 陰の位に陰でいる (位があたっている)
　　　― 柔順中正という：(中を得ている、正しい)

○ 陽の位に陰でいる
　(位があたらない)

○ 陰の位に陽でいる
　(位があたらない)

→ 不中正であるが、五爻と二爻だけは
　位があたらなくても、咎(とが)めない。

(剛健中正、柔順中正でなくても) あたってなくても、徳を持っている (きまり)

・「正」を得ている。

　　陽の位に陽でいること（初爻、三爻、五爻）　┌─────────┐
　　　　　　　　　　　　　　　　　　　　　　　　│ 特に、二爻・五爻を │
　　陰の位に陰でいること（二爻、四爻、上爻）　│ 中正という │
　　　　　　　　　　　　　　　　　　　　　　　　└─────────┘

・「不正」 というのは、

　　陽の位に陰でいる
　　　　　　　　　　　　──→ 位があたらない、外れている
　　陰の位に陽でいる

・「主爻」 その卦の意味の中心になる爻を指す。

　　　　　　　　　　┌ 乾・坤・坎・離 の四つは、真ん中が主爻になる
　小成卦の主爻 <　震・巽 は一番下の爻が主爻
　　　　　　　　　　└ 兌・艮 は一番上の爻が主爻

┌─────────────────────────────────────┐
│　乾　　　兌　　　離　　　震　　　巽　　　坎　　　艮　　　坤　│
│   │
└─────────────────────────────────────┘

※司爻……その卦を司り、またその卦の原因ともなる。

大成卦には「定卦主（ていかしゅ）」と「成卦主（せいかしゅ）」がある

「定卦主」…… その1つの卦の主人格の爻で定まっている。

　　　　　　　（位もあたっていて、爻自体も徳があり、善である）

　　　　　　　 会社－社長　国－天皇、大統領

「成卦主」……その卦の成因として成り立つ因。

　　　　　　　（要因、原因など）の意味をさす。

　　　　　　　（その卦がどう成り立っていったかを知るために

　　　　　　　必要な爻）

例

定卦主 ——（陽の卦で一番位があたっている爻）
　　　　五爻が定卦主、成卦主を兼ね備える卦
成卦主

・乾 ‐ 尊い、偉い・五爻 ‐ 尊い

定卦主 ── 定卦主と成卦主が別々になっている卦

成卦主 ──（陰の卦で一番位があたっている爻）
　　　　真ん中でなく小成卦の中心でもある

大熊先生とのエピソード2

占術名をつけていただく

　大熊先生から占術名をいただけることになりました。渡してくだ
さった和紙に記された２つの名前の中から選ぶようにとのお言葉でし
た。神棚と仏壇にご報告してから開封。「美園……」　「沢……」の
２つの占術名が書かれていて……。

　その夜、夢の中に亡き父が現れ、「"二見"の名前を使ってくれ」と
言うのです。

　次の日、大熊先生に昨夜の夢で父の願いを話し、再度お願いしまし
た。そして「二見眞有」という占術名での歩みがスタートしたのです。

小成卦

八卦（小成卦）の特徴

　6つの爻からなる卦は2つの八卦（小成卦）が組み合わさり、六十四卦ができますが、卦を読み解くには、まず、八卦の意味するところを理解することが大事です。

　ここでは、易占いの基本となる八卦について、1つずつ解説します。

　乾 ── 天

健やかで男性的

「乾」は3つの爻がすべて陽であり、「天」を表します。動（動いてやまない性質）、無限（果てしなく続く）、尊大、健やか、明るい、まっすぐなど、「乾」は、陽の卦の徳を持っています。強くたくましく、男性的、積極的です。「天」に対応するところから、尊い人や物、大きいもの、広いものなど指します。

「乾」を表すもの

人物———父、祖先、尊い人、目上の人、男性、主人、老人、天皇、大統領、社長、神主、偉い人

職————神主、僧侶（高僧）、官史、自衛隊、警察、証券マン、銀行(資本家)、米屋(堅い、主食の商い)、宝石商、校長

場所———空、公園、運動場（競輪場など）、首都、神社、宮域、球場、学校、アスファルト道路、高速道路、官公庁、ビル、協会

人体———頭、心臓、左肺《左は陽で充実しているとみる》、首、顔全体

物————宝石、時計、自動車、自転車、新幹線、鏡、プラチナ、金盃、パチンコ玉、機械、ビル、金庫、地球儀（地球は坤）、スベスベしたガラス、コート、雨傘、手袋、ボール、帽子、

動物———犬、猫、獅子、竜、虎、豹、良馬（サラブレッド、老馬）、チーター、童牛（純粋）戌亥、鶴、鳳凰（架空の、尊くて数の少ないもの、速やかに駆ける）

食物———米、メロン、マスカット、巨峰（高級なもの）、スイカ、氷、餅（柏餅、丸餅、材料）、スイカ(赤い)　※栗は山の食物のため艮、卵は形がいいが内容は離。

方位———西北

季節———晩秋から初冬にかけて

時間———19時〜23時

天気———晴れ、寒い、陽ばかり、澄み切った

病気———肺、心臓、肋膜、頭の病気　※「乾」は頭の回転がいい人

五行―――金

十二支――戌、亥

数――――1、4、9（10、13）

味――――辛い（ピリッとした）、※塩辛いは 坎

色――――白、銀色（プラチナ、尊い）

☱　兌――沢

‖飲食や会話を楽しむ

「兌」は自然界では「沢」を表します。宇宙から地球を眺めると、地球の中でちょっとへこんでいる所が川であり、湖であり海です。へこんでいる所に水がたまると沢に（海の下も土）。砂漠の中の湖（オアシス）。湖のまわりに草木がはえると動物が集まり、人間が集まる。物とお金を交換していくといろいろな楽しみが生まれ、喜びにつながります。「兌」はりっしん偏をつけると「悦ぶ」で、楽しいという意味。お金や口に関するものを表し、「沢」は、池、水たまり、湖を表します。

「兌」を表すもの

人物―――少女、娘、流行歌手（アイドルも）、ホステス、芸、
　　　　　芸者、舞子、芸人、愛人

性格―――食べることが好きな人、楽しむことが好きな人、口先
　　　　　だけの人、金銭面に関心のある人（お金の融通がつく
　　　　　とする）、そそっかしい人、人に悦びを与える人、よ

くしゃべる人

場所———沢、池、水溜まり、風呂場、台所、食堂、谷、娯楽・歓楽街、花街（さみしく痛い梅の毒）

人体———口、歯、のど、右肺、エクボ

物———刃物（切る、割れる、欠ける）、浅い花びん（水盤）、小皿（洗い皿、鉢）、灰皿、菓子器、鍋（フタがない）、フライパン、盃、茶碗、しゃもじ、お盆、スプーン、洗面器、浴槽（水が溜まっている）、小銭入れ（がま口）、お金（紙幣でなく小銭）、欠けた茶碗（破損物）、傷のついた宝石（高級品のこわれたもの）、おもちゃ（悦ぶ）

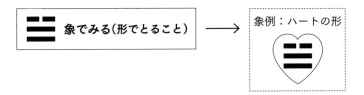

象でみる（形でとること）　→　象例：ハートの形

食物———甘酒、塩辛、サイダー、牛乳、ジュース（主食に関係しない飲み物）、ドロッとしたおぜん、ソース、ケチャップ、マヨネーズ、生ウニ、ポタージュ、ルー、粒粒のないおしるこ、コーヒー、焼き鳥、親子丼、カレー、シチュー、ミートソース、ビール・酒（「坎」に入るが、楽しむものとして）。

職———飲食店、喫茶店、カラオケ－遊ぶ。口に関する、カフェ、バー、芸者、歯医者、落語、漫談家、司会者、金融業（「兌」はお金を融通するの意）、サラリーマン、弁護士、（銀行は「乾」）、質屋、消費者金融

動物———羊、沢鳥（柔らかい）やさしい、おとなしい、水鳥、

おしどり鴨、(鶏は巽) ペンギン (完全な月でないから)、
パンダ (かわいい)、ラッコ、ビーバー、コアラ (あ
まり動かない)、オットセイ (魚で)、ヒヨコ

方位―――西

季節―――秋、9月

時間―――17時〜19時

天象―――今にも雨が降りそうな曇り

十二支――酉

数―――――2、4、9

味―――――辛い（ピリッとした）

色―――――金色、白、オレンジ系の赤（朱赤）

五行―――金

（悦び）恋愛

兌為沢

↕

風沢中孚 ― まわりが固くて、中が柔らかい。卵
※孚（まこと）。爪に子供。野心も何もない。

孚　如 ― （まことたり、れんじょたり）
無心のまことで手をつないでいく＝吉である
（加藤大岳先生）

離 ——火

闇を照らし明るくする

「離」は「火」を表します。火は、正しく燃えていれば、美しい。燃える、熱い — 火事→燃え上がる（性質）→血圧が高くなる。

　　主爻、陰爻を火として、二陽爻を空中（陽＝天）とする。

　　大きくは日輪をみる。小さくは火とみる。火は物につく、燃える物体があって火がつく。

　　物を明らかに、明るくする。賢い、明智。

　　物を明るく見る→目（光、輝き、飾る）。

| 乾の心臓 — 動いてやまない |
| 離の心臓 — 赤くて中心、太陽 |

「離」は争う、競う、を意味します。　美しいものを自慢しようとする勢い、といった意味を持ちます。

「離」を表すもの

人物———中女。衣装を着飾った美しい、きれいな人

場所———消防署、警察署、裁判所、病院、図書館、火事場

人体———目、心臓 — おへそ

物————物を明らかにする→文章、手紙、印章、証書類、絵物を見る→眼鏡、甲冑（鎧）、甲（中身は人間）

動物———美しいきれいな鳥、雉子（きじ：雄、孔雀、飛鳥→網）

まわりが固くて、中がやわらかいもの→蟹、海老、貝、亀→真ん中が赤くてきれい、甲羅のあるもの）

職————警察官、消防官、判事、美容師、文筆家、学者、会計士

方位―――南

季節―――夏、6月

時間―――11時〜13時

天気―――晴れ（日輪）

十二支――午

数―――――3、2、7、9

味―――――苦い

色―――――赤、紫

☳ 震 ―雷

発奮して勢いよく踏み出す

「震」は「雷」を表します。1つの陽の上に2つの陰があり、お
さえられている。がまんできず、雷であることから怒りを爆発し
ます。陰は、下へ下がる性格で、陽は上へ上がる性質ですから、
その代償として、雷が起こります。冬にずっと抑えられていて、
春になると踊り出ようとします。

「震」を表すもの

進む―――大塗（大道）、時、お祭り（長男が後を継いでいく）

人物―――長男、若い人、元気な人、怒りっぽい人、せっかちな
　　　　　　人、声の大きい人、雷、大きい音

場所―――大塗、林（若い木）、震源地、放送局、電話局、発電所

人体―――足（動く）、肝臓

植物―――若い木、竹、春の草花、切り花（音が出て元気がよい）
　　　　　蕾（震の奮動、芽生えてくる勢い）

動物―――馬（足が速い）　競走馬

職―――――アナウンサー、広告宣伝マン、楽器関係者、電気関係
　　　　　者、運動関係

方位―――東（「説卦伝」すべての物は震《東》に通ず）

季節―――春（3月）

時間―――5時〜7時

天気―――晴れ（雲が動く）雷

十二支――卯（双葉）

数―――――4、3、8、11

味―――――酸っぱい

色―――――青色（双葉のグリーン、明るい青竹のような）

物―――――コンピューター　鉄砲（おどろかす音）

食物―――びんづめの海苔の佃煮

五行―――木

巽――風

人と自在に交流する

「巽」は、「風」を表します。陰が、二つの陽爻の下に入っている。潜んでいます。風はどんなすき間でも入っていく性質で、行ったり来たりします。伏入（下の方からどんどん入っていく）、進退、不決断、迷う。風は長い、遠方（切れ目がない）、臨機応変（動く）、

におい（香りを運ぶ）、腐敗する（においが出る）→ 一陰爻が二陽爻に抑えられているため

「巽」の特徴として、命令－風が上から下へ行き渡るように。

尊順－従う。風は物にぶつかれば方向を変えていく。素直に従う。

疑い－進退をうかがう。

商い－（風のように出たり入ったり、下の方にひそんでいる。
如才なくその場に応じてへりくだる）、取引、利益の利。

交際、礼儀、縁談、白眼多し（伏し目）、股（しゃがんでいる形）。

斉う（風の揺り動かす力で植物が大きくなる）振動・雷動作用。

「巽」を表すもの

人物———長女、商売上手な人、髪（陰になる）の毛の少ない禿げた人、決断力のない人

人体———腸、髪の毛、血管（長い）、脇毛（バックウインド）、股（又）

物————引き出し（出たり入ったり）、座り机（足が短い）、卓球台、お膳、基盤

動物———豚、鶏、トンボ、キリン、蝶

植物———柳、朝顔、松、ぶどう

職————商人、浮浪者、外交員

方位———東南

季節———晩春

時間———7時〜 11時

天気———風

十二支——辰、巳

数———— 5、3、8

味————酸っぱい

色——青（ブルー系の濃い色、若草）

五行——木

病気——風邪、腸、ノイローゼ（迷って憂うつになっている）、
　　　　腋臭（ワキガ）で悩む

坎 ——水

苦しみを乗り越える

「坎」は、「水」と対応します。「坎」は、土が欠けているところに、陽爻が流れています。落ち込んだのが水。通っていくのが水です。

「坎」は 穴、へこみ、落ち入る（低い方へ、低い方へ）、陥る、悩み、苦しみ、苦労、暗い、冷たい、血液、涙、闇、溺れる、泣く、悲しむ、困る、を表します。

　（陽爻がまっすぐ通っている、貫いている）芯の固い木、芯（心）のしっかりした、心の病気、心労を表し、思想（一本筋が通っている。芯は変わらない）、孕む（はらむ。妊娠）などを表します。

　交わる（細い1つの水の流れが1つになって交わって太い流れになり、また、それが交わって大きな川となる）暗い影との密かな交わり（中男、中年、好色な人、夜の男→泥棒、悪人）工夫する、研究する、企み、法律（真ん中に1本正しい筋道が通ってる）

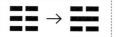

　　　　　　　　　　　　　　　離─乾のところについた

「坎」が表すもの

人物———中男（次男）

人体———血液、汗、尿、涙、耳（水→低い所の穴へ→耳）

内臓———腎臓、膀胱、性器、肛門

天体———月（夜の）、雨

動物———水の中、下の方、深く入っているもの－鯨、狐（夜－
　　　　悪だくみ）

　　　　ウニ（水の中で棲息している。加工・高級品は「兌」
　　　　になる）

　　　　震の馬－若い、速い。坎の馬－中男

上から眺める

　　　　　　　← 背中　　　　　　← 背中の美しい馬
　　　　　　　← 四つ足　　　　　　上から見た

物———冷蔵庫、傘、水道、不良品、

職———豆腐屋、水商売、宗教家

方位———北

季節———冬

時刻———子の刻、23時〜1時

天気———雨

十二支———子：ねずみ

数———1、6

味———塩辛い

色―――玄（クロ）、黒

食物―――酒類、牛乳（水気のもの）、飲料水、食塩、お粥、塩辛、
　　　　漬け物（味だけ）
　　　　食べる魚（泳いでいるのは巽）、ハス（穴）、マカロニ、
　　　　竹輪、ところ天・葱（長い状態は巽）、海藻類（水の
　　　　中→坎、長い→巽、動く青い→震）

場所―――低い所、水たまり、水の流れている所、暗い所、夜の
　　　　場所、穴だらけの道路、温泉場、法廷、裁判所、留置
　　　　所、穴倉、貯蔵場、宴会場（飲食）、冷凍倉庫（室）、
　　　　鍾乳洞、貯水池、水田、小川、水道、防空壕（戦争中
　　　　苦しんでいる→坎）

☶　艮――山

どっしり構えて動かない

「艮」は「山」を表します。2つの陰（土）が重なって上が平ら
に（高く）なっています。高い、静止、とどめる（どっしりと動
かない）。「艮」は時（変化）、蓄える、門、塀、衝立て、鴨居、
神社、鳥居、手、指（ものを留める、つかむ）、背中（身体の中
で一番動かない、留まるところ）を表します。

「艮」が表すもの

人物―――少男

人体―――鼻（顔の中で一番高いところ）背中、手指、関節、腰

動物———牛、虎、猪、ライオン、象、豹、猪子

陽爻———首が太くてがっちりしている

食物———山で採れるもの、木の実、栗、牛肉、ハム、ソーセージ、かまぼこ、さつまあげ、羊羹、カツ丼、天丼（山の形、こんもり）、バームクーヘン重箱料理（山→積み重なったもの）、盛り合わせ

場所———学校の門、神社・仏閣の門、ホテル

物————不動産、門、小石、机、重箱、牛肉、たらこ、倉庫の品、山芋、高級菓子

職————革命家、鉱山関係者、警備員、ホテルマン、倉庫関係者、不動産業

方位———東北

季節———晩冬～初春

時刻———1時～5時

十二支——丑寅

数————5、10、7

色————黄色　土色

味————甘い

坤 —地

すべてを受け入れ、育む

「坤」は「地」と対応します。3つの爻がすべて陰。純粋に陰の気に満ち、大地は、天の恵みを受けて、万物を生み育てていきま

す。地だけでも、天だけでもだめで、陽と陰がなければなりません。

「坤」は、柔順。動かない、四角い（転がらない）、地球は厚い、乗せる、受ける（重いものが乗ってもビクともしない）、空しい（陰ばかり）月（乾を太陽とすれば、その対立として）夜（乾を昼とすれば、その対立として）土の中－暗い、愚痴、曖昧、疑惑、迷い、欲（あらゆるものを吸収する－ケチ）。

そういったことを表します。

「坤」が表すもの

人物―――妻、母（育てていく）、大衆、年配の女性（古いもの、
　　　　　積み重なっている）

　　　　　家来（天の君子に対し）

　　　　　姑（なくなったお母さん）、（「坤」は空しいので、む
　　　　　なしい女）

　　　　　舅（なくなったお父さん）、小人、農夫（土の中で働
　　　　　く人）

人体―――胃、腸（何でも受け入れる）、皮膚、頬、肉、血（台
　　　　　地－実態がつかめる）

動物―――牛（メス。馬と違い、ヒヅメが２つに割れている－陰）
　　　　　妊娠している牛、トラ、ネコ

食物―――麦、豆、煮豆、小麦粉、おしるこ、あんこ、砂糖
　　　　　（土－細かい、数の集まったもの）
　　　　　（大福－材料は「坤」、包む・丸いので「乾」）（米－尊
　　　　　いので「乾」）

場所―――畑、野原、平野、公園（大衆のたくさん集まっている所 例：デモ）

田舎道（舗装していない道）、遺跡のない道、老人ホーム

野球場－動き回るので「乾」。土俵は土－「坤」、競う－「坎」（流れて止まない）

星空－細かく散らばっている－「坤」、かわいい、きれい－「兌」

着物―――木綿（粗末な、実用的な、安い）布

職―――――農業、公務員、サラリーマン

【5】
用語解説

（あ）一陽五陰卦／一陰五陽卦

　六つの爻のうち、陽爻がひとつで、ほかの五つが陰の卦を「一陽五陰卦」、陰爻がひとつで、ほかの五つが陽の卦を「一陰五陽卦」という。それぞれ、六つずつある。

　一陽五陰卦は7「地水師」、8「水地比」、15「地山謙」、16「雷千豫」、23「山地剥」、24「地来復」。一陰五陽卦は、9「風天小畜」、10「天沢履」、13「天火同人」、14「火天大有」、43「沢天夬」、44「天風姤」。

易位卦

　外卦と内卦を入れ替えて、別の卦をつくること。これを用いることで、進んでよいか、退いたほうがいいか、おおよそ見当をつけることができる。たとえば11「地天泰」の場合、易位卦を用いると、12「天地否」となり、ふさがる意味になる。調子にのると、道がふさがる、と読むことができる。

越爻生卦／交易生卦

　越爻生卦は、陽爻が陰爻を、陰爻が陽爻を一爻ずつ上に越えていくこと。交易生卦は、入れ替わることを意味し三陰三陽卦はすべて「地天泰」「天地否」から一つの陰爻一つの陽爻が入れ替わっ

た卦。

易の三定法
<ruby>易<rt>さんじょうほう</rt></ruby>

得た卦をよく見極めて、過去・現在・未来に当てはめてみること。

応卦

筮して合った卦（占的に合った）問題にあった卦。

（か）外反生卦

外卦を裏返しにすること。相手の気が変わったらどうなるかを見る。相手の動きが今と逆になった時に、どうなるかを読む。

帰魂卦

五爻が変じると、内卦と外卦が同じ八卦になるもの（重卦になる）。安心、落ち着く、帰るなどの意味を持つ。家出人を占って帰魂卦を得たらすぐに帰ってくると判断する。病気の時、生命を占ってこの卦を得たならば、五爻の時がたいてい危険。五爻が変じると、重卦になる卦は8つある。13「天下同人」、14「火天大有」、17「沢雷随」、18「山風蠱」、53「風山漸」、54「雷沢帰妹」、7「地水師」、8「水地比」。

向待法

内卦を「自分」、外卦を「相手」として判断する方法。相手があって占う場合や、天気を占う場合などに用いる。内卦を「午前中」、外卦を「午後」として、天気を判断する。相手がいる場合や天候

占での強い味方になる。向待法を使用する時は、易占を始める前に、向待法で占おうと心に念じてから行うこと。あるいは、卦の判断の参考にすることもできる。

互卦約象

　二爻・三爻・四爻を内卦に、三爻・四爻・五爻を外卦にして、1つの卦（別の大成卦）ができる。

　内卦を「互卦」、外卦を「約象」として別の大成卦を作り、状況を深く読み取る判断方法。これは初爻と上爻は、天の気を得られない爻とする考え方があるから。互卦約象を用いると表面には出ない問題を明らかにすることができたり、深く掘り下げたい場合など、別の視点からの判断が加わり、鑑定の幅が広がる。重卦（「乾為天」、「坤為地」）を除く。

（さ）再筮

　卦が気に入らないと疑って、再び筮する（占う）ことは固く禁じられている。

「初筮は告ぐ。再三すれば瀆る。瀆れば、則ち告げず、貞に利ろし」同じことを二度、三度と筮することは、筮に対して疑いを持ち、筮を汚すことになる。正しい教えは受けられない。誠一に教えを乞うならば、必ず正しく答えてくれる。

錯卦（裏卦）

　卦のすべての爻をひっくり返し、陰陽反転させたもの。物事の全体の動きを見て判断する方法。裏に潜むものを表す。

三陰三陽卦

六つの爻が陰陽ともに三つで構成された卦。合計20個あるが、恋愛や結婚に吉とされるのは5つ。

11「地天泰」、31「沢山咸」、32「雷風恒」、42「風雷益」、53「風山漸」。これらは、初爻（自分）と四爻（相手）、二爻（自分）と五爻（相手）などが陰陽の組み合わせのバランスがよいため、吉ととらえて、恋愛や結婚をみる。

四難卦（しなんか）

六十四卦の中に四つの難（悩）みの卦がある。外卦または内卦に悩みや苦しみを表す「坎」（水）がある3「水雷屯」、29「坎為水」、39「水山蹇」、47「沢水困」をいう。仕事、恋愛、健康、金銭など様々な面で、思うようにいかず停滞する。

象伝（しょうでん）

「十翼」の1つで、形象（かたち）についての説明、イメージでとらえた卦辞の説明をしている。

重卦（八純卦）（じゅうか）

内卦と外卦が同じもので構成された卦で8つある。1「乾為天」、2「坤為地」、29「坎為水」、30「離為火」、51「震為雷」、52「艮為山」、57「巽為風」、58「兌為沢」。構成する小成卦の持つ特徴が強く表れ、繰り返す意味を持つ。

似卦（じか）

大成卦の陰陽の並び方を大まかに見ると、全体の形（陰陽の並

び方）が小成卦と類似している卦のこと。火と水を表す小成卦である「離」（火）と「坎」（水）の象に見える卦のことをいう。

例　「坎」の似卦（62「雷山小過」、28「沢風大過」）、大坎、似坎とも表現する。

　　「離」の似卦（61「風沢中孚」、27「山雷頤」）、大離、似離とも表現する。

十二消長卦

　爻は、下から上に上昇する性質があるが、その性質をもとに、運勢の強弱の推移を表す。たとえば、すべての爻が陰で構成する「坤為地」を例として、初爻が陽の24「地雷復」は、運勢が上昇の兆しがあることを意味し、初爻と二爻に陽がある19「地沢臨」、三爻まで陽の11「地天泰」、四爻までが陽の34「雷天大壮」は運気がぐんぐん上がっていることを示す。ただ、五爻まで陽の43「沢天夬」になると、先が見える状態。すべてが陽の1「乾為天」は、これ以上の上昇はなく、初爻のみ陰がある44「天風姤」からは、衰運に向かう。陰が陽を消していく。陰が長じて陽が消されるというのは、小人が勢いを得て、君子の力が消されることを表す。

序卦断法

　序卦は六十四卦の配列で1「乾為天」から64「火水未済」までの順序が決められている。決められた卦の順番から運勢の流れを知ることができる。

例　その年の運勢での得卦が16「雷地豫」九四（四爻）の場合。

　　現在16「雷地豫」九四の場合。得卦が今年の運勢。

　　過去15「地山謙」からの運の流れとみる。昨年は、1つ前の

卦が過去の運勢。

未来17「沢雷随」を未来とし、ここからの動きを知る。今年の１つ先の卦が未来の運勢になる。

序卦伝

『易経』上・下経での六十四卦の並び方の理由が説明されている。

射覆（せきふ）

覆い隠されている品物を射る（当てる）こと。精神を集中させ、真摯な心で卦を立てる練習法であり、鍛錬法の一つ。

占的（せんてき）

占う事柄の的を、筮前の審事を行って、相談事をできるだけ小さくしぼる。

例 旅行に行っていいか悪いかでは、質問内容があいまいでぼやけるため、旅行に行っていいかを問う。

設定卦

基準となる卦を設けておいて得卦と比較して判断する方法。占的を占う前に設定卦を決めておく。

筮前の審事（ぜいぜんのしんじ）

筮を取る前に（占う前に）相談者の事情を正しく詳しく調べること。「審事」は、事をつまびらかにすること。易はあてものではない。どこが悪いか聞くことが「問審」で、どうしたらよいかが主になる。「予防薬」として対策を得る。

綜卦（賓卦）
そうか　　　ひんか

　卦を全部ひっくり返して向こう側（上）から卦を見る。上から
の見方で判断する、神様目線で卦を眺める方法。乾・坤・坎・離
以外は、向こう側の立場になって賓卦で見ることが多い。綜卦で
変える場合、自分の方は、気持ちを変えて綜卦にできるが、相手
の気持ちを変えるのは難しい。内卦（自分）の小成卦は、綜卦に
しやすいが、外卦（相手）の小成卦は、綜卦にしにくい。

（た）彖伝
たんでん

　「十翼」の1つで、卦辞を文章で説明している。

天水違行

　お互いに背きあっている。たとえば、6「天水訟」は外卦が天、
内卦が水という卦。天は上に昇り、水は下に流れ、それぞれ行動
の方向が異なるため、背き、争うという卦になる。相交わらない
"平行線"である。

的占

占ったことが的中したこと。

例　縁談でこの結婚は吉か。「乾為天」でいうと、→男性は陽ばか
　　かりで気ばかり。実質が伴わない。女性も強すぎる。

飛込み生卦

　たとえば、1「乾爲天」の全陽の卦の九三（三爻）に陰爻が飛
び込んで10「天沢履」になるように、外から一爻が飛び込んで来

て新たな卦を生ずるもの。

（な）内反生卦

内卦を裏返しにすること。自分の態度を変えてみることで、判断する。いつも使うわけではない。

内転・外転

「内転」は内卦を逆さにすること。「外転」は外卦を逆さにすること。違った視点で考えることができる。

（は）包卦

「乾」、「坤」、「坎」、「離」を包む卦。包む、隠す、蓄えると解釈する。天を表す「乾」、地を表す「坤」をもとに、生き物に欠かせない水（「坎」）と火（「離」）が、得卦に含まれているかを見る方法のことをいう。主に病占（病気について占うこと）や胎占（胎児について占うこと）に用いる。

包卦は次の八卦がある。「乾」の包卦は41「山沢損」、42「風雷益」、37「風火家人」、38「火沢睽」で、「坤」の包卦は、31「沢山咸」、32「雷風恒」、39「水山蹇」、40「雷水解」。

（や）遊魂卦

五爻が変じると内卦と外卦が反対の卦になる。たとえば、35「火地晋」の五爻が反転すると、陰陽が反転し、12「天地否」になる。遊魂卦は他に全部で8つあり、5「水天需」、6「天水訟」、27「山雷頤」、28「沢風大過」、61「風沢中孚」、62「雷山小過」、36「地火明夷」。

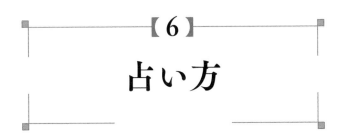

【6】

占い方

1. 筮竹を使う　略筮法（三変筮）

　筮竹を用いて占う方法には、本筮法や中筮法など、いくつかの種類があります。大熊茅楊 先生の講座で射覆（「用語解説」参照）に生徒が使用した、シンプルで入門者に適した略筮法を紹介します。

用意するもの

　筮竹、算木、筮筒　（専門店、インターネットで購入可能）

占い方

①算木を置く（「地天泰」に）

②**(太極を作る)** 筮竹50本を細い方（下部）軽く持ち、「易占をさせていただきます」という気持ちで拝する。

③易に太極（陰陽変化の根元）あり。50本の中から１本(太極)をとり筮筒に立てる。（左手で筮竹のもとを握ったまま）右手でひっくり返す。

「地天泰」　内卦を先に作り、間をあけておき、外卦を作りくっつける

④**（内卦を求める）**　筮竹を49本、もと（細い）の方を左手で握って右手を添えて、目を閉じる。

　腹式呼吸法（体内の雑念を呼吸をして排出し、新しい空気を体に吸い込む）を行い、精神統一をして占的（占う事柄）を念じる。

⑤筮竹の元を左手で握ったまま、右手で何度かまぜて、扇形に開く。

⑥精神統一した瞬間に右手で筮竹を二つに分ける。右手で握った筮竹を下に置く……地

⑦地の中から１本とり左手の薬指と小指の間に挟む……人、左手にあった筮竹……天

⑧天の筮竹を右手で八払いしていく。２本ずつ、声は出さず「春夏秋冬」と繰り返し数える。人の１本も含めて、８で割り切れるところまで数える。残りは１本ずつ「乾」、「兌」、「離」、……と数える。割り切れたら「坤」。八払いして、１本残ったら「乾」／２本残ったら「兌」／３本残ったら「離」／４本残ったら「震」／５本残ったら「巽」／６本残ったら「坎」／７本残ったら「艮」／０だったら「坤」となる。

⑨得た卦を算木で象（陰陽を１つずつ並べて小成卦にする）を画く……第一変（内卦を出す）内卦と外卦の間を少し開けて置く。

⑩**（外卦を求める）**49本を再び混ぜて扇形に開き、天・人・地に分けて、八払いしていく。得た卦を算木で象（陰陽を１つずつ並べて小成卦にする）を画く……第二変（外卦を出す）

⑪内卦、外卦をつけて並べる……（大成卦を得た）

⑫**（爻をもとめる）**筮筒にさした太極の１本はそのまま使用する。

⑬49本をまた混ぜて、扇形に開き、天・人・地に分けて、六払い

にしていく。

⑭42本ずつ「天・人・地」と声は出さず繰り返し数える。左手の薬指と小指の間に挟んだ1本（人）も含めて6本未満になるまで数える。1本は初爻、2本は二爻、3本は三爻、4本は四爻、本は五爻、割り切れたら上爻……第三変（爻を得る）

⑮該当する爻の算木を右にずらして爻を表記する。

▌2. コインを使う

用意するもの

コイン　6枚（同じ種類を5枚と違う種類を1枚）

例 100円硬貨5枚＋10円硬貨1枚（爻の表記用）。事前に表（陽爻）、裏（陰爻）と決めておく。硬貨は「日本国」と書いてあるほうが表。が、自分の好みでかまわない。

占い方

①6枚のコインを両手で包む（おにぎりを作るように空間を空ける）。占的（占う事柄）を心で念じなからコインを振るう。

②手の中のコインを下から並べる。卦はコイン6枚の陰陽で求める。

③1枚のコイン（例ですと10円硬貨）のある位置が爻を表す。

▌3. サイコロを使う

用意するもの

八面体のサイコロ2個と6面体のサイコロ1個（専門店、ネットでも購入可能）。八面体のサイコロは赤と黒の色違いを。例

えば黒が内卦、赤が外卦と決めておく。八面体のサイコロには
乾、兌、離、震、巽、坎、艮、坤、の文字が書かれている。

占い方

①3個のサイコロを両手で包む（おにぎりを作るように空間を
　空ける）

　占的（占う事柄）を心で念じなからサイコロを振る。

②片手にサイコロを移して3個のサイコロを解き放つ。

③卦は内卦（黒サイコロ）、外卦（赤サイコロ）、爻（六面体の
　数）から卦と爻を求めることができる。

大熊先生とのエピソード3

私の宝物　象牙の易占サイコロ

　茅楊会月例会が毎月末、夜に開催されていました。参加者は、来月
の運勢が九星気学と大熊先生のサイコロ占で鑑定していただけるので、
勉強と共に楽しみでもありました。大熊先生は、会場の端で、サイコ
ロを振っておられました。私は黒板に書かれ説明されている気学盤上
の運勢よりも、先生のサイコロ占が気になっていつも見つめていたの
ですが……。

　ある日、教室で、先生から「サイコロが欲しいの？」とのお声がけ
があり、「はい！」と即答しますと、机の引き出しから黄色の布に包
まれたものを出され、私を呼び寄せました。開いた黄布の中には、象
牙の手彫りサイコロが……。

　「最後の1つなのよ！」とのお言葉があり、名工による手彫りのサイ
コロを分けていただく運びになりました。私にとって大切な宝物であ
り、大熊先生の形見だと思っています。

　月例会で勉強をサボり、大熊先生を見つめていて正解でした。

第2章

六十四卦の解説

六十四卦早見表

外卦 内卦	乾 (天)	兌 (沢)	離 (火)	震 (雷)	巽 (風)	坎 (水)	艮 (山)	坤 (地)
乾 (天)	1 乾為天	43 沢天夬	14 火天大有	34 雷天大壮	9 風天小畜	5 水天需	26 山天大畜	11 地天泰
兌 (沢)	10 天沢履	58 兌為沢	38 火沢睽	54 雷沢帰妹	61 風沢中孚	60 水沢節	41 山沢損	19 地沢臨
離 (火)	13 天火同人	49 沢火革	30 離為火	55 雷火豊	37 風火家人	63 水火既済	22 山火賁	36 地火明夷
震 (雷)	25 天雷无妄	17 沢雷随	21 火雷噬嗑	51 震為雷	42 風雷益	3 水雷屯	27 山雷頤	24 地雷復
巽 (風)	44 天風姤	28 沢風大過	50 火風鼎	32 雷風恒	57 巽為風	48 水風井	18 山風蠱	46 地風升
坎 (水)	6 天水訟	47 沢水困	64 火水未済	40 雷水解	59 風水渙	29 坎為水	4 山水蒙	7 地水師
艮 (山)	33 天山遯	31 沢山咸	56 火山旅	62 雷山小過	53 風山漸	39 水山蹇	52 艮為山	15 地山謙
坤 (地)	12 天地否	45 沢地萃	35 火地晋	16 雷地豫	20 風地観	8 水地比	23 山地剥	2 坤為地

六十四卦の解説の見方

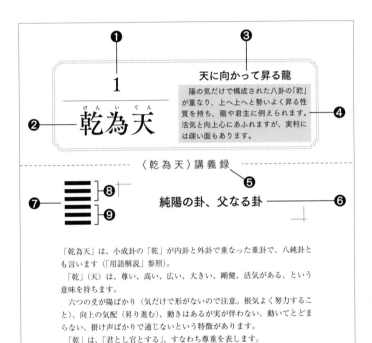

❶ 六十四卦の順番　❹ 卦の概要（80字で要約）　❼ 卦の形

❷ 卦の名前　❺ 大熊先生の講義内容　❽ 外卦

❸ 卦の意味すること　❻ 卦の特徴　❾ 内卦

乾為天
けん　い　てん

天に向かって昇る龍

陽の気だけで構成された八卦の「乾」が重なり、上へ上へと勢いよく昇る性質を持ち、龍や君主に例えられます。活気と向上心にあふれますが、実利には疎い面もあります。

------------------ 〈乾為天〉講義録 ------------------

純陽の卦、父なる卦

「乾為天」は、小成卦の「乾」が内卦と外卦で重なった重卦で、八純卦とも言います（「用語解説」参照）。

「乾」（天）は、尊い、高い、広い、大きい、剛健、活気がある、という意味を持ちます。

六つの爻が陽ばかり（気だけで形がないので注意。根気よく努力すること）、向上の気配（昇り進む）、動きはあるが実が伴わない、動いてとどまらない、掛け声ばかりで通じないという特徴があります。

「乾」は、「君とし官とする」、すなわち尊重を表します。

象徴するものは、ビル、官公庁、大きな会社、スポーツであればボールを使う（丸い・動く）野球、サッカー、バスケットボール、体操の選手、自動車レース、競輪などを表します。「乾」は、大きい、尊いなどの意味から大人の卦、男性の卦を表します。そのため、子供や高齢女性のことでこの卦が出るのはふさわしくないとされます。

運勢

運勢——動いて止まない、向上する、活気がある。気ばかりで空元気。

会社——大会社。ビルを持っている。男ばかりで女性がいない。

家庭運——何となく落ち着きがない。女性の方が強すぎる。動く人（働く

人）が多すぎる。女子が一人もいない（いてもしっかりした強い女性）

人物——スポーツマン、自動車好き。顔立ちは色白で丸型。品がある。祖
　　先もいい。育ちがよい（気取った家庭）女性はプライドが高すぎる。

交渉事——整いにくい。

縁談——女性が男性的で良縁とは言えない。女性から男性を見た場合→よ
　　く働く。車を持っている。頼もしい夫である。男性から見た場合→女
　　性は男性的。優しさがない（陰がない）、冷たい。動きすぎて失敗する、
　　上品すぎる、独身貴族。いつも忙しくてお金のことばかりいってくる。
　　ルーツ（出身）がよく、頑固な一面がある。

失せ物——戻りにくい。

家出人——都会にいるとするが、見つかりにくい。

病気は——頭部、肺、衰弱の甚だしい場合は、生命力が危うい。

「乾為天」は、強い人に出ればよいが、子供や女性の問題で出るとよくない。
「龍が天に昇る→落下」を意味するため。

（例）「乾為天」の初九（初爻）を得たとする。

天　　　旅行－車で行く、忙しい旅行。
人　　　潜龍 用フル勿レ
地　　　龍が地上に現れず潜んでいる。地の下の下。
　　　　陽の下に陰がある。含んでいる。

↓（変爻すると44「天風姤」になる）

伏している　　「天風姤」
（裏）　　　～旅行－思いがけなく吉凶ともに会う。
　　　　　　足をケガする。

「乾為天」の初九（初爻）は、まだその時を得ていない。実力を持ちなが
ら、それを発揮する時機ではない（今やっても通じない。着手すべき時運
に至っていない）。
　まだ時至らず、実力も不十分。

例「乾為天」の九二（二爻）を得た場合。

ケンリュウデン　　　　　　　　　　　タイジン　　　ヨロ
見龍田＝在り、大人ヲ見ルニ利シ
地上に出た龍（天の時を得、地の利に乗じた）。

↓（九二を変爻すると13「天火同人」になる）

目上の人に相談、助力を得られればうまくいく。自分一人の考えで事を処理せずに、人の意見も入れてことを進めていく（自分が柔らかくなって）、順調を得る、独断独行は不可（吉）

「天下同人」～人と同じくする。人の和を得よとの教え。
応爻（二爻と五爻）・陽と陽－なかなかうまくいかない。陰の位に陽－強い。

大熊先生とのエピソード4

「乾為天」の食べ物は？

　　月に1回「射覆」（覆い隠されている品を当てる）の講座での出来事です。

　　大熊先生は箱に占的（答えの品物）を入れて静かに着席。生徒が占う前に「食べ物」、「文房具」のように一つのヒントを示します。生徒は筮竹で易占をして卦と爻を確定し、用紙に書き提出。全員の得卦（得た卦と爻）を大熊先生が読み上げ、当番の生徒が黒板に書きます。ピッタリと当てた方（的占）は箱に隠された品物をいただけます。

　　「乾為天」の場合は的者がなく、先生から追加ヒントの提示後、二度目の得卦でバナナを的占した方がありました。

2

こん い ち
坤為地

慈しみ育む母なる大地

陰の気で構成された八卦の「坤」が
重なり、万物を育む大地、慈しみの心
ですべてを受容する母に例えられます。
自分が主導するより相手を受け入れ、
従うことでよさが出ます。

〈坤為地〉講義録

純陰の卦、母なる卦

「坤為地」は、小成卦の「坤」が内卦と外卦で重なった重卦（八純卦）。
陰の爻だけの「坤」（地）は、母なる大地を意味します。静か、やわらかい、
従う、素直、はっきりしない、決断力がない、積極性がない、他のものに
付き従っていくのが本分（あたりがやわらかい）。

あらゆる天地間に生息する者の気は、天（乾）に始まり、その者の形は
地（坤）に生ずるというように、天を施す本源とし、地を承ける基とみた
のが坤為地です。

乾と坤の対照

「乾」	父	男	翁	雄	殿様	太陽
「坤」	母	女	婆	雌	家来	地球

う
太陽の高熱を承けて物を産み育てる地球。天から承けて初めて実力が発
揮できる。他に従って事をなす柔順の道。先輩、目上の意見を尊重するこ
とが大事とされます。

卦の象で見る「乾為天」と「坤為地」

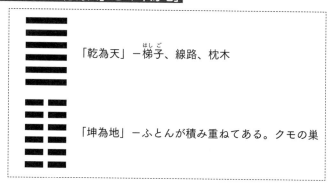

「乾為天」－梯子、線路、枕木

「坤為地」－ふとんが積み重ねてある。クモの巣

運 勢

運勢──方針を変えず堅実に努力。素直にしていれば吉。現状維持が有利。

男性──活気がない。人に従っている。滞運（進展しにくい）。

女性──よいが世話苦労がある（坤は±のすべてのものを養い育てる）。

性格──地味でおとなしい。素直、まじめ、ケチ。

縁談──女性から男性をみる場合、相手は優柔不断、らちがあかない。グズグズし、決断力がないからダメ。男性から女性を見た場合、相手はコマメによく働き、子育ても上手。家事もよくする。

失せ物──土の中に入って見つからない。坤は「古い」という意味もあるので、おばあちゃんの部屋にあるかもしれない。また、坤は四角の意味から座布団の下、木綿の意味から布袋の中にある可能性も。

病気──消化器（何でも吸収する→胃）象からみても。
　　　　　女性の場合－子宮とみる（ずっと通っている）。

相談事

お店を持っていいか──陰爻だけなのでよくない。土の中、暗い、はっきりしない。もう少し待ちなさい。「坤」は「時機を待て」を表す。

例

初六（初爻）を得た場合。
初六の爻辞。**「霜を履みて堅氷至る」**
「霜は陰の凝ったもの。初六は未だ力の弱い所で、消えやすい霜も時至れば、またはもっとその陰が加われば、しだいにその度を増して、ついには硬い氷（乾の象徴）になる」陽の乾と同じような、強いものになるという意味。

↓（初爻を変爻すると 24「地雷復」になる）

「地雷復」——胃ガンの初期、女性の場合は子宮ガンの初期。繰り返し（地雷復の「復」は再発も意味する）。繰り返し増していく。症状が進んで行く。

　ちなみに、化粧品メーカーの資生堂の社名は、「'萬物資生'萬物資リテ生ズ」（『易経』「卦辞」）から命名されました。
　「坤」は、生物を作ります。坤の力があらゆる物を養育・生育させるのです。

3

水雷屯
すいらいちゅん

生みの苦しみ

　父なる「乾為天」、母なる「坤為地」から生まれた「水雷屯」。幼子にとっては何もかもが初めてで思うように進まず、意欲と体力が自慢です。困難はあっても先には希望があります。

〈水雷屯〉講義録

子供を（新しく）生み出そうとする
苦しみの卦

象形文字 ──── ⇒地面
　　　　　　　　⇒伸びようとする葉と、伸びようとする根っこを表します。

　内卦は「震」で、雷、音、苦い、長男、青い、春を表し、外卦は「坎」で、水、苦しみ、穴、冬、雨、雷、暗い、困難を表します。

　「震」で振るい進もうとしても、「坎」の険しいものが待っている。そこでじっと耐え、時が来るのを待って進むべき。

　春になって、青い草木が地の下から地上へ伸びようとしていますが、地の上はまだ寒く冬で雨が降っており、伸びることができません。進もうとして進み得ず伸び難むことを表します。四難卦の一つ（P.46「用語解説」）。

天・人・地の三才

　「坤」（母）が「乾」（父）に求めて、「震」（長男）を得ました。

　「乾」天の陽剛と、「坤」地の陰柔とが初めて相交わり、人を生ずる作用を行ったもので、これで「天人地の三才」がそろったことになります。

　「震」は、新しく進もうとするけれど進み切れないという難み。新しいことを生み出そうとする希望がある苦しみ。生みの苦しみ。今は苦しいが、時が来ればその難みは解消します。創生の悩みの中にも、萌え出て伸び出そうとする気配が動いており、進むことができます。

例

「水雷屯」の初九（初爻）を得た場合。

坎－冬

　初九（内卦の震の主爻）の爻辞に「磐桓（はんかんたり）」があるが、これは「大きな岩のように軽々しく動かず、ドッシリ構えていなさい」の意味。動きたくても動いてはいけない。時を待つことが肝心。

　スムーズに進まない時の苦しみをどうしたら解決できるか。

　陽爻が同じ陽爻を、陰爻が同じ陰爻を越えて進むことができない。

越爻生卦（えっこうせいか）：陽爻が陰爻を一爻ずつ越えていく
運移生卦（うんしせいか）：陰爻が陽爻を一爻ずつ越えていく
→できる時とできない時がある。

「水雷屯」

45「沢地萃」
（人や物が多く集まる、豊かな時）
時が来れば人の上に立つことができる。

1つずつ順序を踏んで、四爻まで来られる　　設定卦　時が来ればそうなる。

「水雷屯」は、生みの苦しみの卦で、多事多難、受難の卦。障害や故障や悩みがあって思うように進まない時を意味します。職場運は部下の力が必要。有能な人材を登用し、協力させるとよい結果に。

運勢

病気──肝臓を表す「震」の働きがよくない。

　女性は生理不順（生理－子供を産むためにある）、妊娠初期の苦しみ。

　初九は足を表し、足が横に膨らんでいる。これを脚気とみる。関係あることを連想する。

　「水雷屯」の（「坎」）は暗さを表す－目が不自由。動こうと思っても動かない。乗り物酔い。胸に水で肋膜も意味する。

旅行──行けないがどうしてか？－お手洗いが近い。

健康──元気がないがどうしてか？－ホルモン（「坎」）不足。

天気──（屯）－春になって雷が奮い、動こうとするが動けない。

　気配はあるが、午前中は晴れ、午後は雨。雷は遠くの方で音だけ。

恋愛・結婚──まだ進んではいけない。時が来るまで待て。

4

さんすいもう
山水蒙

師に教えを求めよ

霧に覆われて先が見えず、そんな状況を提示し、「では、どうしたらよいか」を問うのがこの卦。答えは「師に教えを求めよ」。よき指導者を得ることは人生にとって最大の幸運。

- - - - - - - - 〈山水蒙〉講義録 - - - - - - - -

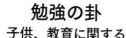

勉強の卦
子供、教育に関する

3「水雷屯」の綜卦（そのままひっくり返す）
賓卦（向こう側から相手の立場を見る）

「水雷屯」　　　「山水蒙」

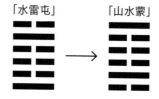

　蒙の字を分解すると――「艹冠」「冖」「豕」
「一軒の家の中に亥ノ子がいて、土には草がいっぱいある。家畜として重要な役目の亥ノ子は茂った草の下に隠しておく。家の中に人がいっぱい肩を寄せ合い、集団で生活をしている。中がもうろうとしていて見えない。草があって物がハッキリ見えない」。このような状況が思い浮かびます。そこから、「暗く先が見えない。前後がわからないくらい」となります。

　┌内卦は「坎」で水　　山の下に水があって、水から水気が立ち込めて
　└外卦は「艮」で山　　峰も谷も見えないほど、蒙々としている
　　　　　　　　　　　（山水画を想像するとよい）

　生まれた子は幼く、蒙として先がわからない。勉強して知識を得なければならない。よき指導者が必要である。蒙－勉強する。勉強の卦
　　　　　　　　　　　　　↓二爻

　山があり、その下には水がある。初めは細くてチョロチョロと動いているが、やがてはぐるぐるまわりながらも大きな川となっていく。今は蒙である。

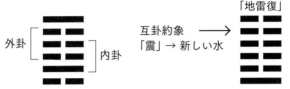

外卦 ［　　　］内卦　　　互卦約象　　　「震」→ 新しい水　　　「地雷復」

　「山水蒙」の卦辞の中にある「我 童蒙ヲ求ムルニ非ズ。童蒙我ヲ求ム。」の意味は師の方から子供に学ぶようにすすめるのではなく、子供の方からよき師を求めて勉強するべきであるということ。

運勢

運勢——はっきりしない。見通しつけにくく苦労が多い。勉強するとよくなる。有識者の意見を聞いて、何か方法をこうじれば好転してくる。何事もゆっくりやっていかないと、先が見えないために見当はずれや見込み違いが起きる（他人に騙されたりすることもある）。

会社の見通し——悪い。事業は伸び悩む。しっかりした指導者が必要。

家庭運——「艮」→家・門 ┐家の中に悩みがある。
　　　　　　「坎」→悩み 　┘どんな悩みか−幼い子供の教育問題での悩み。

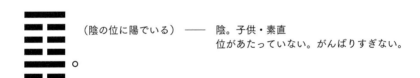

（陰の位に陽でいる）　——　陰。子供・素直
　　　　　　　　　　　　位があたっていない。がんばりすぎない。

旅行——山道では霧に注意。蒙−霧。雨が降って先が見えなくなる。

人物——はっきりしない。先が見えない人。読みが悪いか読めない人。勉強する人

病気——膝の関節に水が溜まる。

「艮」→身体とする、中に水がある。
　　　　　打つ、押さえる、内出血、打撲。鼻血、蓄のう症、背骨が痛い。

「坎」→毒とする、血とする、中毒、生理不順、血行障害、腎臓。

「艮」→耳とする ⎱ 難聴
　　　 穴をふさぐ ⎰

　　　先が見えなくてボーっとしている、ノイローゼ

病勢──見通しが悪い、長引く、よい医者につくと希望が出てくる（爻による）

「艮」→家 ⎱ 移転する（対処策をみる。どうしたらよいか）
「坎」→動く ⎰

株式──見通しが悪い、伸び悩み。安値が動かない。

天気──霧雨、長雨、モヤ。午後から雨は止むだろうがはっきりしない。梅雨時にこの爻が出たらピッタリ（応卦）、夏－雪が積もっている（艮－重ねる）

この勝負は「艮」（外卦→相手）の勝ち

5

すいてんじゅ
水天需

チャンスを待つ

物事がうまく運ばない時、実力不足が原因かもしれません。焦らず力を蓄えることに専念すること。栄養のあるものをたくさん食べて体力をつけることもお忘れなく。

------------ 〈 水 天 需 〉 講 義 録 ------------

栄養をつけて待つ卦
飲食に関する

「水天需」は、待つ（雨が降るのを待つ）、悩みが消えるまでのんびり待つ、という意味です。

　内卦は「乾」で、剛健、動いて止まない。進み動く、大きい、健康、充実を意味します。
　外卦は「坎」で、水、悩み、苦労、落ち入るなどを表します。
　進もうとしても悩みや苦労、寒さや穴があって進めません。動きたい気持ちは強くても、今、動いてしまうと苦しみ（穴）が待ち構えていることを示します。

「水雷屯」と「水天需」の違い

┌「水雷屯」→若い人、焦って進む、伸び悩み。
└「水天需」→出来上がった人、充実させるのが先、暖かくなるまで待つ。

「天」は円満、大人

　危ないとわかれば、あせらず、余裕綽々で飲食をしたりして時を待っている。この卦は待つ卦であり、時の尊さを教えている。知識や栄養をつけて焦らずゆっくり進む。将来大きくなるために英気を養い栄養をつける。

「需」は飲食の道なり（序卦伝）。

運勢——待たなければいけない。控えめにし、積極的な行動は慎む。進む
　　時がくる。栄養をつけてのんびり待つ。

交渉事——無理に進むと相手の企み（穴）の中に落ちる。向待法（P.44「用
　　語解説」）で相手をみる。

結婚運——焦ってはいけない。甘い、やさしい言葉に引っかからないよう
　　に、時が来るまで待つ。水に関係ある所（例、飲み屋）で知り合った人
　　は危険。

試験——受からない（のんびりしているから）。

旅行——お酒による失敗に注意。

天気——雨が降るかもしれない（午後になると雨）。
　　┌ 内卦 – 午前
　　└ 外卦 – 午後

出産——予定より遅れる（需は待つなり）。栄養をつけて待っていれば順
　　当に。

株式——┌ 内卦 – 前場（午前の取引）┐ 安い、落ちる
　　　　　　└ 外卦 – 後場（午後の取引）┘

　　易で「株」を占うのは勉強のためで、儲ける儲けないにこだわるのは邪道。

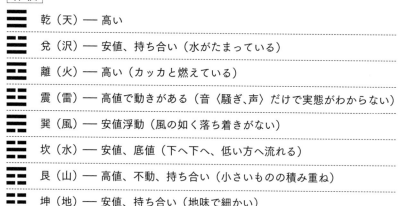

株 価

乾（天）—— 高い

兌（沢）—— 安値、持ち合い（水がたまっている）

離（火）—— 高い（カッカと燃えている）

震（雷）—— 高値で動きがある（音〈騒ぎ、声〉だけで実態がわからない）

巽（風）—— 安値浮動（風の如く落ち着きがない）

坎（水）—— 安値、底値（下へ下へ、低い方へ流れる）

艮（山）—— 高値、不動、持ち合い（小さいものの積み重ね）

坤（地）—— 安値、持ち合い（地味で細かい）

6
天水訟
てんすいしょう

負けるが勝ちの時

天の気は上に昇り、水の気は下ります。相容れない二人は、訴訟を起こしているよう。ほどほどのところでやめないと溝は深まるばかり。「負けるが勝ち」は金言です。

---------------------------- 〈天水訟〉講義録 ----------------------------

飲食のあとに「天水訟」
争いの卦

「天水訟」は「水天需」の綜卦

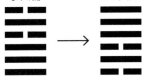

水天需　　　　　天水訟

"需とは飲食の道なり
飲食必ず訟（争い）あり"
（序卦伝）

「天水訟」の「訟」は、訴えるという意味で「訴訟の卦」です。「訟」の字が表すように、「公のところで言葉を出す」ということです。「天水訟」は、訴えて争う積極性を内蔵しています。攻める、争うなどの意味も持ちます。

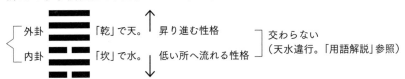

外卦「乾」で天。　昇り進む性格　　交わらない
内卦「坎」で水。　低い所へ流れる性格　（天水違行。「用語解説」参照）

乾——充実。大きい。
坎——水——流れている（中心は変わらない）＝孚（まこと）とみる。
　　　穴——孚の穴をふさぐ→争いが生じる。訴訟問題に巻き込まれる。

運勢

運勢──意見が合わない。対立。見込み通りに事が運ばない。真心を貫こ

うとしても外卦の乾は感じない。むしろふさいでしまう。争い事はいけ
ない（充分に配慮）。

家出人──見つからない。

失せ物──見つからない〉（平行線、交わらない）

この洋服を買ってよいか──ダメ。合わない。

病気──血行不良、ノイローゼ（悩みすぎて頭が疲れている）、難聴、腎臓、
背骨、脊髄の不調。（「天水訟」では、誤診や合わない薬の服用で治療が
遅れることもある。医者と患者が背き争っている卦の形だから）

病勢──どんどん進む、長引く。

この薬は効くか──効かない。

天気──午前は雨、午後は晴れ。

株──午前は安値、午後は高値。

飛込み生卦（とびこ）── 「天地否」から「天水訟」になった飛込生卦としてみる

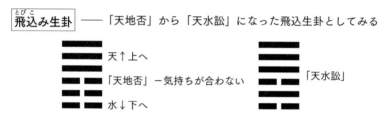

天↑上へ

「天地否」－気持ちが合わない

水↓下へ

「天水訟」

「天地否」に一陽が飛び込んできて九二（二爻）の爻となった。九二は「天
水訟」卦の成卦主で、坎の悩みの中にあるもの。外部からリーダーが飛び
込んできた→争議を意味。

「天水訟」は、外卦の乾に向かって内卦の坎が険しい心で背いている形。
いつまでたっても解決しない。放っておけば争いになる。どうやってまと
めたらよいか。対処策として使う方法に、以下の「内反生卦」「外反生卦」
「易の三定法」（さんじょう）などがあります。

内反生卦 ── 内卦を裏返しにすること……いつも使うわけではない
こちら（自分）の態度を変えて見る

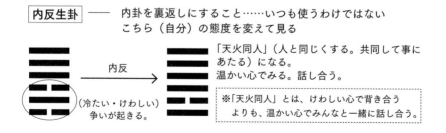

内反

（冷たい・けわしい）
争いが起きる。

「天火同人」（人と同じくする。共同して事に
あたる）になる。
温かい心でみる。話し合う。

※「天火同人」とは、けわしい心で背き合う
よりも、温かい心でみんなと一緒に話し合う。

外反生卦

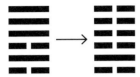

「地水師」（変化を求めないで慎重に）
信頼できる人に相談する。

外卦の天が地に

易は対処策を講じること（どうしたらよいか）

　易というのは、過去・現在・未来をみることができますが、得た卦から過去であるか、現在あるいは未来であるか、読み取ることが大事です。

易の三定法 ── 得た卦をよく見きわめて、
　　　　　　　　過去・現在・未来にあてはめてみなければならない。

易位卦 ── 内卦を外卦に移したり、外卦を内卦に移したりすること。
　　　　　　小成卦が小成卦を乗り越えていく。

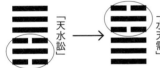

坎の性質－下へ下がる。　↑できにくい
乾の性質－上へ上がる。　↓できにくい

内反 しておいて（自分の気持ちを変えて、けわしい心をやめて、温かい心になり、相談者の心を変えてあげる。問題があった場合に対処策として使う。

「離」（火）は燃え上がる性質。上へ行くことができる。

　会社や家庭での争い事はどうすればよいか。「天火同人」（天に太陽が輝いている）の象意を使うと、

・けわしい心をやめる。
・上の部屋より下の部屋が暗いことも争いを生む原因と考え（上が天、下が水で争いの天水訟となる）、下の部屋も明るくする。
・北方位に欠けがある場合は、欠けを直して明るくする。

7

地水師
ち　すい　し

指導者と目標を目指す

地下水を大勢が求めて争う卦ですから組織や集団でのトラブルが暗示されます。戦いに勝つには、優れた指導者が必要です。有能なリーダーのもと一致団結しましょう。

〈地水師〉講義録

一陽五陰卦　飛込み生卦
戦争の卦

「天水訟」の乾を外反する

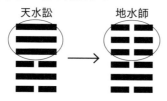

天水訟　　　地水師

食べ物で争いが起きて、エスカレートして戦争になる。水を求めて戦う。

「地水師」の「師」は師団（軍隊など）を表すことから戦争の卦を意味します。

外卦の「坤」－大地

内卦の「坎」－水

水は地の中や地の上にあってこそ、初めて植物など生物を育てることができます。水としての役目を果たすことができるわけです。ところが、その水が地の下に潜み隠れてしまっていたら……。すなわちそれは「旱魃」を意味します。

人間の生活に最も必要なものは、空気を別にすれば火と水です。「地水師」は、地上に水がなく、地下に水が隠れている状態を表します。そしてそのことが、水を求める人達の間に争いが起きることを示すのです。

「地水師」を人間社会の争いに当てはめると、

```
┌ 「坤」（地）── 農夫や民衆
└ 「坎」（水）── 謀（たくらみ）、険しい、法律
```

　二爻の陽爻が他の陰爻を従えて戦争をするイメージ。具体的には農夫を兵にし、その中に指導者を置き、何かがあった場合、ただちに出征（出兵）できるようにすることを表す。

　たとえば「ゲリラ」は、表面は何事もなく地下に隠れている。何かを行う時は指導者の指揮のもと、行動する（一人でなく集団で行う）。
　陽爻が強いのは一陽五陰卦だから。
※人を使う場合、十分に吟味しないと後で困ることになります。

```
┌─────────────────────────────────┐
│         六五（五爻）は定卦主      │   地の下に隠れている
│ 応爻                             │   水を求めて争う。
│         九二（二爻）は坎の主爻で成卦主 │
└─────────────────────────────────┘
```

国家、世界に当てはめると、戦争の卦は六十四卦の中でこの卦だけ

```
戦争の卦 ┌ 六五は天皇や大統領
        └ 九二は大将
```

```
家庭の姿 ┌ 六五は夫→おとなしい
        └ 九二は妻→強い、冷たい、けんか早い、しっかりしすぎるため苦労
          が多い
```

「地水師」を象（かたち）でみると
トンネル、地下道、穴倉、地の下の穴、防空壕

```
┌ 「坤」は布団 ┐
└ 「坎」は水や夜 ┘── おねしょの布団
```

細かい、古い ── お新香、古漬　菓子－水羊羹

運 勢

運勢──世話苦労が多い。争いがある。
　現在は穏やか。平和で何も問題はないが（家、会社とも）、女性問題、

異性問題に気をつける（一陽五陰卦は、一人の男を5人の女性が求める意味）。

結婚――不可。

ファッション――ミリタリールック。脚（特に膝）にポイントがあるデザイン。スカート丈は長め（内卦の坎は水を意味し、水は切れない、の意味から）。

色――トップスはイエロー「坤」、ボトムスは黒「坎」。

病気――「坤」は消化器、「坎」は婦人科系、膀胱などを表す。

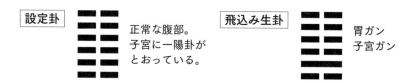

| 設定卦 | 正常な腹部。子宮に一陽卦がとおっている。 | 飛込み生卦 | 胃ガン 子宮ガン |

8

<ruby>水<rt>すい</rt></ruby><ruby>地<rt>ち</rt></ruby><ruby>比<rt>ひ</rt></ruby>

人との和が運を招く

雨が大地にしみ込んでいく、そんな情景の卦は、人と人とが親しみ、助け合うことを意味します。ただし親しむ相手を選ばないと困難を引き寄せることも。ライバルも多い時。

〈水地比〉講義録

一陽五陰卦　飛込み生卦
親しみ交わる卦

「水地比」は「地水師」の総卦・賓卦

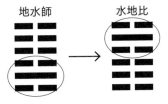

地水師　　　　　　　　　水地比

「水地比」の「比」は、人が二人仲良く並んでいる状態を表します。親しむ、交わる、助ける、和む、楽しむ、喜ぶ、人の援助を得られる時、善悪いずれにも親しみやすい時、競争相手が多く、世話苦労が多いことを意味します。

　内卦は「坤」で土

　外卦は「坎」で水

　地の上に水がある。水と土はお互いにしみ込んで境目が分からないくらい親しみ、交わる、仲良くする。

　一陽五陰卦（＝陽爻にみんなが親しむ）共同、交際。

　誰とでも仲良くすればいいのではなく、九五（五爻）のような剛健中正な人と和するのでなければいけない。五爻にどのように親しめばよいか。

先輩には先輩のように、同輩なら同輩のように、よくその分をわきまえ、礼をふんで交際すること。

「水地比」は「後夫凶」ともいいます。よい人と親しくするなら早い方がよい、という意味。グズグズしていて自ら孤立し、速やかに親和しようとしない人は凶である。遅れる人は凶。善は急げ。時期を失ってはダメ。間違った親しみ方をすると問題が生じます。

「坤」は大衆の意味。大勢と力を合わせ、陽爻（五爻）に頼ります。「地水師」で戦争をして互いが疲れ、やがて和睦。同一歩調をとる。衆は争いをする代わりに親しむこともします。社会に生きる限り、共同生活は必須であり、孤立してはいけないのです。

運 勢

共同作業——やってよい。

旅行——吉。特に大勢で行くのがよく、しっかりした引率者がいればなおよい。

困ったことが起きた場合——五爻（剛健中正な人）の人に相談するとよい。

縁談——男性はよくモテる（一陽五陰卦なので）。相手が男性の場合は相手の異性関係をよく調べる必要がある。

9

風天小畜
ふうてんしょうちく

初志を貫く

四爻の陰が小さな妨害や障害を表しています。陰なので大きな足止めではないもののイライラはします。そんな時こそ実力をつけるチャンス。来たる好機に力を発揮しましょう。

---- 〈風天小畜〉講義録 ----

一陰五陽卦　飛込み生卦

　内卦は「乾」で、強い、動き進んで止まらない。

　外卦は「巽」で、風、従う、素直、柔らかい、などの意味。「乾」が強引に進もうとするのを「巽」が柔らかく畜めている（とど）ことを表します。

一陰五陽卦　一陰をもって五陽を押さえなければならない。「巽」の柔らかさでもって強い「乾」を押さえなければならない。けれども長くはおさえられません。

「少し」しか「とどめる」ことができない。それを表したのが「小畜」の名。

> 周囲の事情で計画などは順調に進まない。
> 十分に力をつけ、時が来るまで待つ。

　人間に当てはめると、

　内卦は「父」で、強い。

　外卦は「長女」で、やさしい、押さえる、とどめる。

「柔能ク剛ヲ制ス」（柔よく剛を制す）。柔軟さを活かして強いものに打ち勝つことを意味します。

　　┌「水天需」は「坎」（水）の悩みが消えるのを、のんびり飲食をしなが
　　│　ら栄養をつけて余裕を持って待つ意味。
　　└「風天小畜」は、少し押さえられてから待たなければならない。時を
　　　待ちながらも、自分の望みを変えず、コツコツやっていかなければな
　　　らない、という意味。
　一家に当てはめると、お父さんはしっかりしているが、お母さんに押さ
えられています。

運　勢

運勢——しばらく自重し、実力を養っていればまもなくチャンスが訪れる。
　　文書、印鑑の取り扱い、火難に注意。

金運——「乾」はお金の意味があるので、お金を少し留めている。すなわ
　　ち貯金ができる。

家出人——一陰が五陽をとどめている。女性のところにとどまっている。
　　もし女性が家出人なら、大勢の男の人に取り囲まれている状態。

会社設立や開業——時がくるまで少し待つ。

頭が痛い時——風邪を引く予兆（「巽」は風邪を意味する）。

病気——内卦の「乾」がとどめられていることから、ノイローゼ気味、ヒ
　　ステリー（クシャクシャする）、便秘（腸がとどめられている）。その他、
　　生理、血行不順、皮膚病など。いずれも急変する恐れはないが長引く。

雨は降るか——

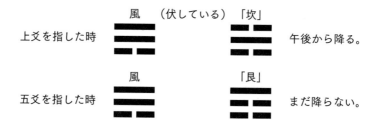

	風	（伏している）	「坎」	
上爻を指した時				午後から降る。

	風		「艮」	
五爻を指した時				まだ降らない。

設定卦

　三変筮で爻を指した時は、爻辞の意味と伏しているものは何かを読む。
（ひっくり返さないで読む）
　全体の卦と爻辞と互卦約象。

10

天沢履
<small>てんたくり</small>

礼節を忘れず

少女の前に立ちはだかる権力者。強い者には力で対抗するのではなく、従順に、そして慎重に接すること、と説きます。出すぎた真似や無礼な振る舞いも危険を呼ぶだけです。

------------------------ 〈天沢履〉講義録 ------------------------

一陰五陽卦　飛込み生卦
礼儀の卦

　内卦は「兌」で、少女、弱々しくておとなしい。

　外卦は「乾」で、男性、老父、強い力のある男性。

　強い人の後に弱い少女がついて歩くというのは、なかなか骨が折れることで、行動には危うさがある（気をつけていかなければ難しい）ことを表します。

　「乾」は天、「兌」は沢。天は高く沢は低いもの。それぞれがあるべきところに正しく居る。これも礼儀です（上下、尊卑の分をわきまえている）。

　強い者の後に弱い者がついていくというのは当然のことですが、難しいこと。「言いは易く行うは難し」ではありますが、礼を失ってはいけません。相当の努力が必要であることを教えると共に、「虎の尾を履む」というような難しさや危うさも示唆します。順を踏んで目上に従っていくことが大事、ということです。

「天沢履」は 女子裸身の象
品行がよいとは言えない。

首、頭／胸／腹／股、腰／ふくらはぎ／足

陽の位に陰
六三（三爻）を指すと危ない

腰に魅力のある人、色気のある人

運勢——危うさ、不安。実力以上のことをしなければならない。相当に骨の折れる時。礼儀をわきまえることも必要。

縁談——一陰五陽卦なのでよくない。女性は股でとどめている。男性は女性に弱い。

金運——弱い。危うさがある。

失せ物——家の中でなくした場合は、水を溜めている所（風呂場、台所、トイレなど）、女性の下着のある所（一陰が五陽に囲まれている）、物に覆われている所や大きな写真、書類、帳簿などの間にはさまれている可能性が。

旅行——虎の尾を履むような危うさがある。女性は裸になることで、男性は裸の女性にそれぞれ人生を迷わされる。

互卦約象は「風火家人」

「天沢履」　　　「風火家人」

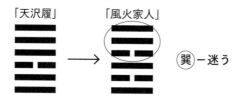

巽 ー 迷う

試験——危うい（門が開いていない）。陽の場所に陰がある。実力不足。

流行——股や腰にポイントのあるもの。透ける素材。

家出人——女性の場合は男性についていった。男性の場合は強い大人や年の離れた目上の人についていった。危ういお金（消費者金融など）を借りて出て行った。

病気——「乾」は胸 ）呼吸器系統に注意。
　　　　　「兌」は肺 ）

のどの病気

頭とみると

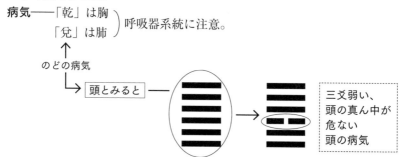

三爻弱い、
頭の真ん中が
危ない
頭の病気

天気──「兌」は曇り（内卦なので午前のこと）
　　　　「乾」は晴れ（外卦なので午後のこと）
　　　すなわち、降りそうだが、天気は何とか保つ。

＜メモ＞

男の人の設定卦	──	乾為天
女の人の設定卦	──	坤為地
一般的な健康体	──	地天泰

大熊先生とのエピソード5

ローズ＆ブルーの共演

　まだSNSもなく、テレビや雑誌の時代でしたので、テレビ取材も多くありました。大熊先生が「今月の月例会はテレビの取材があります」とお話があって、当時、若手であった私と友人Mさんが司会者の手相をみて一言をいうシーンを撮影するとのこと、大熊先生から"テレビに映える服装"とのアドバイスをいただきました。

　2人で相談し、Mさんがブルー、私は、ローズ色のスーツで撮影に備えたのです……。司会者は、林家正蔵師匠（当時はこぶ平師匠）。2人の前に差し出された師匠の手に触れながら、手相について説明をしました。正蔵師匠の手は、汗まみれで光っていて、手相が見づらかったのが記憶に残っています。

　後日、テレビの放送を拝見しましたら、インタビューされた方は、お顔も音声も放送されていましたが、Mさんと私はローズとブルーの服と手相についての「語り」だけが映っていて……。Mさんと私は、テレビ映えする色の出演でした。

　大熊先生の「千里眼の発言」に脱帽です。

11

地天泰
（ち　てん　たい）

天下泰平の時

下る地の気と昇る天の気。スムーズに交わることから物事の安定を象徴。ただし調和はいつか崩れ去るもの。油断せず、物事は素早くすませ、努力も怠らないことです。

〈地天泰〉講義録

三陰三陽卦の基本卦
交易生卦の基本卦

下に天があり、上に地がある。現実とは反対。しかし、天の気は陽で上昇、地の気は陰で下降して交わるので吉といえます。

陽ばかり→陽の気は上へ ┐
陰ばかり→陰の気は下へ ┘ 気と気が通じ合う→安泰

陰と陽が和合するということは、それぞれの持つ力を往き通わせ、物を生かし、育てていきます。そこに天地の得があります。

天地の気が合流し、和合していく。それが「地天泰」の卦で、「地天泰」が和合の卦、安泰の卦、通じる卦と呼ばれるゆえんです。

象でみても、内卦（下卦）は陽爻ばかりですから、どっしり落ち着いています（安泰ということ）。

別の見方

安泰は、いつまでも続くものではありません。泰平の時代が続けば、後には乱れる時代が訪れるもの。「陰が極まれば陽が、陽が極まれば陰がくる」。これは自然の摂理です。初めは安泰を得ても、後に崩れるのは「驕る平家久しからず」の言葉からもわかります。「地天泰」は「泰中の半ばに乱れあり」と言われます。努力しなければ安泰が崩れるということです。

四爻あたりから安泰さが崩れていきます。

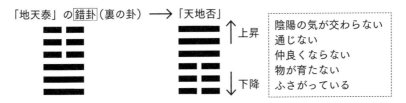

「地天泰」の 錯卦 （裏の卦） ⟶ 「天地否」

↑上昇
↓下降

陰陽の気が交わらない
通じない
仲良くならない
物が育たない
ふさがっている

安泰さの裏に不安定さがある。「城は空堀にかえる」人生の縮図。

運 勢

運勢——現在は安泰であるが、先々崩れる。安泰さに慣れるとだんだん運
勢の力が弱くなってくる。得卦を見る場合、過去・現在・未来に当ては
めて判断する。

天気——午前中は晴れ。午後に乱れてくる。曇ってくる。

金運——現在、お金に困っていない人はだんだん乱れてくる。

交渉事——相手が優柔不断でらちがあかない。

病気——性病（陰と陽が交わるから）、頭痛、肺結核（「乾」の象意）、胃（「坤」
の象意）

病勢——他の卦から「地天泰」になった時は安泰。「地天泰」から他の卦
になった時は安泰が崩れていくので注意。

地天泰は健康の基本卦

　基本卦であるだけに難しい卦。安泰すぎてダメになることもある。
(例)「地天泰」の二爻の之卦は「地火明夷」。安泰といっても安心ではない。

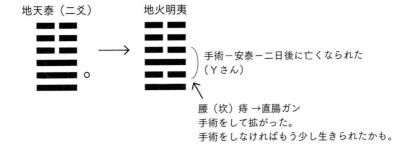

地天泰（二爻）　　　　地火明夷

手術－安泰－二日後に亡くなられた
（Yさん）

腰（坎）痔 →直腸ガン
手術をして拡がった。
手術をしなければもう少し生きられたかも。

12

天地否
てんちひ

すべての道は塞がれて

天の気は昇り、地の気は下に。気の交流ができないため、何も生み出せません。人間関係なら反目し合う仲。道が塞がれて、不正も横行しやすいでしょう。時機が来るまで待つこと。

------------------------------ 〈天地否〉講義録 ------------------------------

三陰三陽卦の基本卦
交易生卦の基本卦

「天地否」の「否」は「非ず（あらず）」、通じない、すべて塞がってしまっている、という意味。「天地否」の爻の陰陽を反転させると（錯卦）11「地天泰」になります。巡り巡っているということです（「地天泰」は通じるが「天地否」は塞がる）。

「天地否」の卦辞に「否ハ、之レ人ニ非ズ」（正しい人間でない、という意味）があります。易でいうところの「人」とは、正しいことを行える人間を指します。すなわち、「天地否」が表すのは、「今は人としての正しい道を踏み行える時ではない。内卦の陰の小人（愚か者）の勢力が強く、君子（賢い者）が正しい道を行おうとしても行わせない。天地が交わらず塞がった時で、君子が影をひそめている」ということです。

| 十二消長卦 | 陰が陽を消していく、陽が長じていく

陰が長じて陽が消される（小人が勢いを得て、君子の力が消される）

乾為天　　天風姤　　天山遯　　天地否

〈地天泰〉

外面は貧しいが内面的にはお金をしっかりかかえている人。
柔順だがしっかりしていて強い（「坤」は大衆、「乾」はお金）。
通じ合う。社交性あり。人との和を保つ人。

〈天地否〉

外面は強いが、内面はおとなしい。弱い。
お金を持っているように見える。
社交下手。通じない。

運 勢

家庭運──バラバラで仲良くできない。

会社──上層部と下とは意見が通じない。うまくいかない。

共同事──よくない。

妊娠──見込みが薄い（通じない）。

望み事──今はよくないが、希望を捨てなければ叶う時が来る。

旅行──行かないほうがいい。

家を建ててよいか──よくない。「乾」はお金を表すので今は貧乏。金が
ない。ローンでも大きなお金だから払っていくのは難しい。

結婚──よくない（特に見合い）。
　長く恋愛している人は正式に結婚できるか──できない。（対処策）時期
を待つ。父を説得する。では、「地天泰」になるまで時を待つといいの
か──上の方に「乾」ががんばっている。お父さん、おじいさんと意見が
合わない。男性側の努力が足りない。

天気──午前は曇り、午後は晴れ。雨はなかなか降らない（陰陽が通じない）。
　雨は陰陽が合致して降る。

13 天火同人

（てんかどうじん）

同志との交わり

外卦の天も内卦の火も、どちらも上に昇る性質のため、仲間を意味する「同人」と表されます。目的を達成するには、志を共にする人と協力し合ったほうがうまくいきます。

〈天火同人〉講義録

一陰五陽卦
飛込み生卦

「天火同人」の同人は、人と同じくする、という意味。

内卦は「離」で火——燃え上がる、昇り進む、帰魂卦（P.44「用語解説」）。

外卦は「乾」で天——太陽（陽）が昇り進む、動き回る。

両方共に昇り進むという同じ性徳を持ちます。

さらに共通点をいいますと、「離」は日輪（太陽）を表しますが、手に取ることはできず、「乾」も天を意味しますが、気はあって形はなく、手に取ることができません。

また、「乾」も「離」も「物事を明らかにし」、「物を照らす」という共通の作用があります。一つの作用に向かって気持ち（志）が同じである。これが「同人」の卦です。

二爻と五爻の位を見ると、陰の位が来るべき二爻に陰があり、陽の位が来るべき五爻に陽の位があり、応爻。

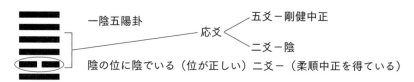

一陰五陽卦

応爻 ── 五爻ー剛健中正

二爻ー陰

陰の位に陰でいる（位が正しい）二爻ー（柔順中正を得ている）

「離」は美しい、賢い、という象意があります。すばらしい女性（一陰爻）が五陽爻と仲良くしようと求めている。すなわち、娘一人に婿五人。一つの陰爻（目標）に向かって五つの陽爻が同一行動を取る。その過程で互いに親しみが生まれ、そのことを「同人」といいます。「同人」は人の和を得る卦なのです。

　ただし、表面は穏やかに見えますが、内部では目標達成のためにそれぞれが自分に有利になるように争います。したがって同じ目的のために争う卦、ともいえます。

運　勢

運勢——目標を一つにして人と協同してやっていくことがよい。協同して力を合わせる。社交性を大事にし、人と仲良くしながらやっていけば、穏やかな運勢となる。ただ、どうしても女性が中心になる（目標＝女性（二爻の陰、の意味から）。

性格——男性の場合。社交性があって人との和を大事にする。女性に対しては美人を好み、美人を得るために仲間と仲良くするが、その分、ライバルも多い。女性の場合は聡明で容姿が整い、特に目がきれい。異性によくモテる。

学部——文学部、医学部（循環器系）（「離」は文章や心臓、血液を表す）。

共同事業運——よいがしっかりと登記をしておくことが大事。「乾」は公、「離」は書類を表すため。

就職——競争相手がいっぱいいる（五爻以外はよくない）。
　　　　社長にコネのある人なら入れる。

待ち人は来るか——大勢と一緒に急ぎ来る。

株式——上がる（他のものと一緒になって上がる）。

結婚は見合いか恋愛か——見合いがよい。たくさんの人と会い、よく吟味すること。

病気——目、心臓、高血圧、肺の熱。また「同人」＝人と同じくする、という意味から伝染病、流行性の病気に注意。

流行色——「離」は赤、「乾」は白。同じくしてピンクが吉。

ファッション——（同人）から上下がつながっているワンピース。ピンク

か、上を白、下を赤にする配色。メガネはピンク系の縁。

メイク——目にポイントを置く。あるいはピンク系がポイントの色合い。

天気——晴れ。

夫婦でダブルの「山地剥」

　易に関わりを持つ人は、年筮（来年度の運勢）を冬至の日に立てます。「冬至占」と称し、重要な儀式。

　冬至の日、私も心身を清め、立筮に臨みます。家族や友人の年筮を立てます。その年、友人夫妻は夫「山地剥」六三（三爻）、妻「山地剥」六四（四爻）でした。どう説明するか、考えあぐねて、大熊先生に相談しましたところ、私が考えている説明にプラスして「3月、4月に同じようなことが再度起こるのでは？」との提言をくださいました。身ぐるみ剥がれることが1つの家庭に再度おきる！　生涯で何回もない一大事では？　考えをまとめ、女性（妻）に電話で伝えました。

　翌年、3月末に女性から電話がかかってきて、涙ながらに"てんまつ"を報告されました。私からの注意を受け、郵便物や電話に細心の注意を払っていたところ、多くの「消費者金融」からの督促状が届き……夫を問いつめたら"パチンコ"での借金がかさみ、様々な消費者金融に情報が流れて、気がついたら数え切れない消費者金融から借りていたそうです。彼女が貯金を解約して8桁に近い借金を完済。払う時には手が震えたそうです。

　4月も引き続き、気を抜かないように、と再度の注意を促しました。4月にも金銭問題が起きましたが3月に比べるとわずかな金額だったと報告を受けました。「山地剥」は恐ろしい卦ですが、その恐ろしさを提示してくれる貴重で感謝すべき卦でもあります。

14

<u>火天大有</u>
（か　てん　たい　ゆう）

太陽の下を歩く

太陽が燦々と天上で輝いています。穀物は盛大に実り、人々は明るく豊かに暮らしている、その状態を「大いに所有する」とし、「大有」の言葉で表しています。盛運の時です。

------------------------------ 〈火天大有〉講義録 ------------------------------

一陰五陽卦　飛込み生卦
帰魂卦

「大有」は、大いに有つ。大いなるものを保有するという意味です。

←「火天大有」は、天火同人の綜卦（ひっくり返す）で賓卦（向こうから見る）。

← 臣、妻（位を得ている）、五陽の君、夫が求めてやまない爻

一陰五陽卦

← 君位、天皇、家長、夫（陽の位に陰でいる）
外卦の「離」は賢い、聡明、明るい。

　五爻は陰爻なので性質はおとなしいが、その柔軟さと賢さで、五陽爻の強いものを支配しています。統率。

　国に当てはめると、女王。一家に当てはめると、女性が一人で切り回しています。
　会社に当てはめると、女社長。
　主人のいない家とみることもできます。独身の女性で男の人が狙っています。女王様。

かたちを変えてみると、

外卦は「離」で日輪（太陽）　ちなみに「坎」は月輪、「乾」は太陽。

内卦は「乾」で天。

「火天大有」のイメージは、天の上に日輪が輝いていて、それはすべての物を照らしすべてのものを育てあげていく。大きな徳があり、大いに保っていくことができます。

外卦は「離」で夏。内卦は「乾」で秋。

夏と秋の間の季節で、穀物が見事に育ち、実り、収穫する時。盛大、豊富、物を大いに得る卦。

「天火同人」と「火天大有」は同じ一陰五陽卦で勢いもありますが、「天火同人」より「火天大有」のほうが勢いは強いです。

女性ならどんな女性か。「乾」は頭、「離」は聡明や美、目を意味し、利発、目が美しい、美人。皆の中心となってモテます（5人の男性を統率）。

運 勢

運勢──勢いがある時。

金運──よい（大いに保つ）、地位もお金も保つ。

異性問題──女性はよくモテすぎることによるトラブルに注意。男性はライバルが多い。

女性の適職──「離」は女性を表し、明るさ、華やかさ、目立つなどを意味するので、芸能界に向く。また、「離」は、文章、絵、神事なども表すので、著述家、画家、神主なども適する。その他、官公庁、金融、警察官、消防士、眼科医、教授。

病気──頭、目、心臓、肺病、チフス、熱病、血圧抗進（乾、離とも上に昇る）。

病勢──「大いに保つ」という意味から病気も保つ。悪い状態を長く保つ。

宝石──「乾」はプラチナ、「離」はルビー。

天気──晴れ。夏は干ばつ、日照り。

15

地山謙
ち　ざんけん

謙譲の美徳

外卦の山が地の下にあり、腰を低くして頭を下げている人を想像させます。力があるのに謙遜しているのか、いずれにしても、今は能力をひけらかす時ではありません。

-------- 〈地山謙〉講義録 --------

一陽五陰卦　飛込み生卦

「地山謙」は、内卦が「艮」で山。外卦は「坤」で地。山は地の上にあるのが普通ですが、山が地の下にもぐっています。人に当てはめると、「実力があるのに、へり下っている人」、と言い表すことができます。

謙譲の美徳

「艮」は山で蓄える、重ねる、を意味します。このことから、「地山謙」は、へり下っていながらも、内部では実力を蓄え備えていることを表します。

一陽五陰卦

「へり下る」ことは悪いことではありませんが、卦の意味としては、消極的であり勢いがないと読みます。

運勢

運勢——活気がない。進展がない。余計なことをしてはいけない。

性格——遠慮がち。力があってもへり下っている。実力があっても外には出さず、蓄えている。ケチ。変態（「地山謙」は「男性裸身の像」と呼ばれる）。

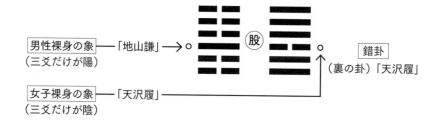

男性裸身の象 ——「地山謙」 → ○
（三爻だけが陽）

股

○

錯卦
（裏の卦）「天沢履」

女子裸身の象 ——「天沢履」
（三爻だけが陰）

この男性と結婚してよいか——勧めない。なぜなら女性関係が多い。ある
　いはケチだから。

　　向待法（賓主法）でみると。
　　外卦は相手「坤」で、はっきりしない↑

　　内卦は自分「艮」で、背中を向けている↓

うまくいかない

失せ物——ごちゃごちゃした中に入り込んでいる。見つからない。
病気——胃腸、腎臓、糖尿病（甘い）関節、腰、背骨「坎」。
病勢——互卦約象でみると。主爻が下から上に行く（「震」の主爻＝初爻、
　「坎」の主爻＝二爻、「艮」の主爻＝三爻）ため進行しやすい。特に血液、
　消化器、脊椎に関するがん。

互卦約象→「雷水解」

○

艮の主爻　　　坎の主爻　　　○震の主爻

天気——雨模様の曇り（晴れそうにない）。

16

雷地豫
（らいちよ）

準備を怠らない

地中から植物の芽が飛び出す、春の訪れをイメージさせる卦。喜びの訪れは突然ではなく、備えて、予め準備をしてきたことで何事も無事に遂行できる、と教えます。

---------------------------- 〈雷地豫〉講義録 ----------------------------

一陽五陰卦　飛込み生卦

「雷地豫」は、「地山謙」の内卦を外卦に移して（易位）「山地剥」になったものを、外卦を逆さ（外転）にしたもの。

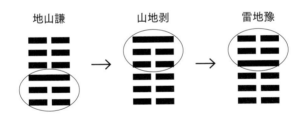

地山謙　　　　山地剥　　　　雷地豫

雷地豫の「豫」は「予め」という意味。卦は寒い冬の間、地「坤」の中に潜んでいた雷「震」が地上に奮い出る状態を表します。雷は突然現れるのではなく、秋に地の中に潜み、時が来るのを待ち現れます。自然は順当に変化し、このことを「予め」と表現しています。（予言、予想、予期など）

もう一つの見方

- 内卦 ―「坤」― 地
- 外卦 ―「震」― 春

春になると冬の間の雨や氷から解放され、人も動物も植物も生気（活気）

を取り戻します。そのため、「雷地豫」は悦びの卦と呼ばれます。ただし、悦びはいきなり訪れるわけではなく、順を踏んできた結果に得られるものです。「地山謙」では、実力があっても謙虚にへり下っていました。それが認められて（易位して）春が来たのです。悦びの時にも調子に乗らない、浮かれない、ということです。

運勢

運勢——準備が足りない。浮かれず、警戒心を持つこと。

どんな人か——下積みの人が躍り出てきた。悦ぶこと、楽しむことが得意な人。

妊娠しているか——している（四ヵ月とみていい）。

病気——（胃の調子の悪い人なら）ガン。本人は予め知っている。

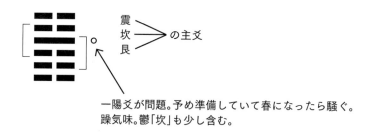

震
坎　の主爻
艮

一陽爻が問題。予め準備していて春になったら騒ぐ。
躁気味。鬱「坎」も少し含む。

天気——地「坤」の上に雷「震」なので、春なら雷が鳴って雨が降る。また、「坤」に一陽爻が入っているため、雲か雨が伴う。冬なら非常に寒い。

（時期に促した判断）

旅行——春先は食中毒（「坤」を腹、胃腸とし、その中に「坎」がある）に注意。

受験——楽しみ事を優先しやすいので受からない（外卦の門「震」が内側を向いていないから）。

株式——株に力があって前々から上がる要素があれば上がる。古い株（「坤」＝古い）は、四爻か五爻なら小さいが上がる。新しい株の場合は上がらない。準備していない、基礎がないから。

その他

一陽五陰卦

飛込み生卦 ————［ おばあちゃんとか女の人ばかりの家族に一陽爻が
　　　　　　　　　　飛び込んできて、楽しく明るくなった

「地山謙」の綜卦　（ひっくり返す）であり、賓卦（相手の立場・逆さで見る）である

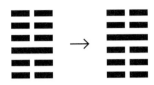

「雷地豫」の二爻の辞。介于石（いしにかいす）→石の如く身を守る
蒋介石の名前の出所となった。

※　［ 皇室の名前 ―『易経』の言葉の中からとっている
　　　資生堂 ―「萬物資生」萬物資リテ生ズ

「坤為地」の象伝　「坤」は成物を作る→「坤」の力があらゆる物を養育・生育させる。
　　　　　　　　　「乾為天」の卦辞には「萬物資始」がある。「乾」は大始を知り、物
　　　　　　　　　に生気を与える。

17

沢雷随
たくらいずい

賢人に従う

力のある者が弱い者に従う卦です。時代や体力・能力は変化します。「負うた子に教えられ浅瀬を渡る」ではありませんが、こだわりを捨てて従うことは大切。従う相手の見極めも大事。

-------- 〈沢雷随〉講義録 --------

三陰三陽卦
「天地否」の交易生卦

「沢雷随」の「随」は従うという意味。

外卦は「兌」で少女、内卦は「震」で長男。

少女が先に進み、長男が後に従って進んで行くことを表します。

方位、季節に当てはめると、「兌」は西で秋→陽気が衰え潜む時。「震」は春で雷→雷は一般的に、春から夏にかけて奮い動くもの。

強くて地上に奮い出ていた雷が、秋になって潜み隠れます。元気な雷も、秋になれば「兌」の下に潜んで従っていく、という意味です。

「沢雷随」は、時に従い、また、一つの変化に従うことを教えます（時によって、こういうこともあるものだと受け入れる）。臨機応変に物事を処理しなくてはいけないという意味も含まれます。

運勢

運勢——勢いは弱い。進出するよりは退き守るのがよい。どんなに強く元気のある人でも、人に従い、ついていく。相手が力の劣った人でも従う。

結婚——男性がおとなしく女性に従っていくのならよい。ただし、将来の円満は保証できない。

見合いか恋愛か——恋愛がよく、特に男性が女性を追いかける関係が吉。注意すべきは三角関係。三陰三陽卦のため、三角関係になりやすい。

起業してよいか——内卦が「震」なので、新しいことをはりきってやろう
　という時ではない。女性がオーナーで、そこへ勤めるというのはよい（男
　性が後ろからついていくというかたち）。

天気——午前中は晴れ、午後は曇り。

家出人——女性についていった。すぐには戻ってこない。情死の恐れはあ
　る。長期の家出の場合は、帰魂卦（「用語解説」参照）である「沢雷随」
　のため、生活能力がなく、路上生活者になっていることを暗示。

病気——肺機能（兌の象意）の衰弱、活気がなくなる、精力減退。また、「随」
　は従う＝二つのものがくっつくことを表すので、合併症など二つの病気
　が重なりやすい。その他、のど、肝臓、神経に関する病気。

病勢——軽症に見えるが、意外に根治しにくい。内卦の「震」は振り動く。
　新しい病気（余病）を併発して危ないとみる判断。「兌」も「震」も外
　側を向いて進んでいる。雷のように突然、急激な変化を起こして危篤に
　陥る（絶望）。
　軽症の場合は、突然様子が変わることがあるが、悪くならずによくなる。
　なお、五爻の場合は、「沢雷随」が内卦と外卦が同じになる帰魂卦であ
　るため、命の危険が増す。

18

さんぷうこ
山風蠱

破壊からの新生

風の通り道を山が塞いでいます。空気が澱み、物が腐って三匹の虫までわいています。物事が行きづまる凶運です。腐る原因を突き止め、迅速に対処すれば、立て直しは可能です。

〈山風蠱〉講義録

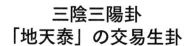

三陰三陽卦
「地天泰」の交易生卦

「沢雷随」の綜卦で
賓卦が「山風蠱」

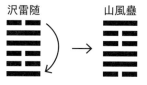

「山風蠱」の「蠱」の字は、皿に三匹の虫がいるかたち。腐ってウジがわいていることを表します。

内卦は「巽」で風、外卦は「艮」で山。

山の下に風「巽」がありますが、その風が山「艮」で塞がれています。そのために風が吹き抜けることができません。空気が汚れ、湿気も生じるので、物を腐敗させ、最後にはウジがわきます。そしてウジは、必ず同類相食む状態になるのです。このことから、「山風蠱」は、内部（内面）から腐る、破れる、損なう、減っていくことを意味します。

人に当てはめると、

内卦は「巽」で大人の女性。外卦は「艮」で若い男性。

年上の女性が若い男性を惑わすことも表します。

運勢

運勢──不愉快なことが多い。

家族——風通しが悪く、不満だらけ。

会社——詐欺まがいの商売を行っていたり、内部に問題を抱えていたりする。刷新が必要な状態。

男女関係——腐れ縁（別れようとしても別れられない）。

性格——外卦の「艮」は篤実、まじめ、落ち着きを意味するので、表面はまじめで温厚。威厳もあるが、腐ったような心を持っている。

失せ物——ゴミ箱、机の引き出しの中。「艮」は門や「家」を表すので家の中に潜んでいる。

病気——ガン（「艮」＝腫瘍）、梅毒など性病。「山風蠱」は三陰三陽卦で男女関係（情事）に絡んだ病気になりやすい。遺伝的なものとみることもできる。

交易生卦でみる「山風蠱」の遺伝の話

「山風蠱」は、かつては泰平無事な11「地天泰」（父母の交わりから来た）の卦であったのが、世が移り、人衰えて蠱の破れを来たしたものなので、先代が潰していった破れを子が治めてゆかなければならない。

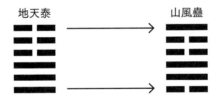

「地天泰」の初爻と上爻を反転させると「山風蠱」になる。

すべて三陰三陽卦は「地天泰」「天地否」の交易生卦（P.43「用語解説」である。

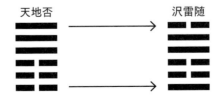

「天地否」の初爻と上爻を反転させると「沢雷随」になる。

19

地沢臨
ち たく りん

- - - - - - - - - - - - - - - - - 〈地沢臨〉講義録 - - - - - - - - - - - - - - - -

大震の卦　十二消長卦

「地沢臨」の「臨」は、臨み見る、上から下を臨み見る、下から上を仰ぎ見るなどの意味です。

内卦は「兌」で沢や湖。外卦は「坤」で大地。大地には沢があり湖があります。沢や湖に水が満たされていると、人は好奇心と驚戒心から、臨み見て（観察）みようとします。また、沢や湖の水が地に染みこんで地中に生気を与えていることを表し、土と水とが互いに親しんでいる象です。

大震の卦

「地沢臨」は、「地天泰」の一歩手前の卦（三爻が陽爻なら地天泰）であるとともに、6つの爻全部で「震」のかたちになる「大震の卦」でもあります。

　大震の卦であ る「地沢臨」は、黄色い菊の花と見ることができます。大

震そのものが、勢いよく花びらが開く様子。「地沢臨」の「坤」の色は黄色。さらに「震」は勢いよくまっすぐ伸びる植物を象意とします→竹など。

　そこで大震「地沢臨」は、竹の筒や筮筒なども表します。

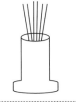

筮筒。底が厚い＝二陽爻

十二消長卦

「地沢臨」は、消長循環の理を表現した十二消長卦の一過程の卦です。

- 消とは、陰の勢いが次第に強まり、陽爻を次第に消していく（「乾」を基とする）。
- 長とは、陽の勢いが次第に強まり、陽が進んで（長じて）陰爻を消していく（「坤」を基とする）。

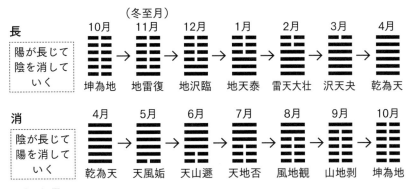

（冬至月）

長

陽が長じて陰を消していく

10月　11月　12月　1月　2月　3月　4月
坤為地　地雷復　地沢臨　地天泰　雷天大壮　沢天夬　乾為天

消

陰が長じて陽を消していく

4月　5月　6月　7月　8月　9月　10月
乾為天　天風姤　天山遯　天地否　風地観　山地剥　坤為地

※月は旧暦

「地沢臨」の卦辞に「八月＝至リテ凶アラン」がある。「地沢臨」の月（旧暦12月）から八か月たつと陰の勢いが募り凶、という意味です。ものの消長は自然の摂理として厳然としてあることを説いています。

臨　→　泰　→　大壮　→　夬　→　天　→　姤　→　遯　→　否　→　観
①　　　②　　　③　　　④　　　⑤　　　⑥　　　⑦　　　⑧

「風地観」は「地沢臨」の綜卦で「大衰の卦」（大いに衰える）と呼ばれる。「雷天大壮」の陰陽を反転させた卦でもある。

運勢——十二消長の動きを見ると、これから「地天泰」になるので運気は上昇。活気がある。ただし、油断してはいけない。

結婚——内卦は「兌」で口。外を向いている（熱心で盛んに運動）。外卦は「坤」ではっきりしない。乗り気ではないかたち。こちらは相手を臨み見ても、相手は乗り気ではない。おとなしい。良縁ではない。しかし将来はそう悪くはない。うまくいけば「地天泰」（吉）になるから。

子どもは男か女か——男。「地沢臨」は大震の卦。「震」は長男を意味する。

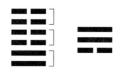

適職——大震の卦で「震」は音、電気を象意とするため、音楽、電気に関する仕事がよい。また、地沢臨は、「坤」（地）が「兌」の水を臨み見ることから、口（兌）で大衆（坤）に臨む仕事、アナウンサー、お笑い芸人、歌手、大衆食堂経営に向く。

家出人——激情的（大震）に家を出ることが多い。八日、八か月後に戻ってくる。十二消長で「地沢臨」の八か月後は、「地沢臨」の爻が反転した「風地観」になるから。

転職してよいか——大震の卦なので心機一転するのはよい。とはいえ占的によって答えが違う。「震」は焦りやすいが、焦ってはいけない。

ある所に転職していいか（相手があった場合）——乗り気ではない（相手は外側を向く「坤」だから）。

病気——逆上型の精神疾患、肝臓、足のケガ、のど。

病勢——占的を生命力にするか、病勢にするかで異なる。生命力を占的にした場合は、生命力が強く回復すると読める。病勢を占的にした場合は、大震の卦であるため、病は進行しやすく凶と読む。

天気——「兌」があるので曇り。大震の卦で読めば晴れ。

20

ふう　ち　かん
風地観

心の目で見る

「観る」ことがテーマの卦。目だけでなく心でも観ます。物事の本質をとらえることができるからです。精神面を占った場合は、結果良好。物質面を占った場合は期待はずれ。

---------------- 〈風地観〉講義録 ----------------

二陽四陰卦　大艮の卦
大衰の卦

「風地観」の「観」は観る、という意味で、そこから派生して観察する、臨み観る、勉強するなども表します。

内卦は「坤」で地、外卦は「巽」で風。地の上に風があります。風そのものの姿は目に見えませんが、風が地上に吹き、さまざまなものを揺り動かすことによって風の姿も明らかになります。これを「内観」（精神的にものを見る）といいます。動いたことで、風が吹いたことがわかります。

下の四陰爻が上の二陽爻を仰ぎ観ているかたちから→観。

大艮の卦

「風地観」は6つの爻全体で「艮」のかたちになる「大艮の卦」。

|大艮|「艮」を象でみると机、大きな鳥居、高殿、廟（びょう）、観光旅行、観光地、大きな家、国の光を見る。|

大衰の卦

「風地観」は消長十二卦の一つで、陽爻が消されていく。衰えていく卦。

精神面ではよいが物質的にはよくない。儲からない。

運勢

運勢——精神面ではよいが、物質的にはよくない。もうからない。活気が
ない。しかし大勢の人から尊敬されている（二陽爻が見上げられている
から）。

新しい事を行ってよいか——「大艮」なので待つのがいい。現状維持。行
動しないほうがいい。十二消長では、次の卦が身の破滅を意味する「山
地剝」だから。

盗難の可能性——大いにあり。

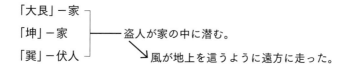

失せ物——大きい物は見つかる（大艮で留まっている）。小さい物は風に
吹かれてしまってわからない（見つからない）。家の中で失くした場合は、
机の下、仏壇、神棚の周辺を探すとよい。

結婚——大艮なので、しばらく待つこと。二爻と五爻は応爻しているので
当人同士はよいが、精神的な苦労がある。女性が強いので、男性は元気
がなくなり、病気になったりする。陰爻が陽爻を消していくから。

適職——「風地観」は精神性の高さを意味するので教育家、宗教家など。
また、大艮の卦であることから不動産関連もよい。

株式——上がらない。むしろ将来だんだん下がっていく。

ファッション——黄色「艮」のワイドパンツ、「巽」ヒラヒラしたベルト、
ふわっとしたオーバーサイズのブラウス。

趣味——神社仏閣参り、観光旅行、図書館散策。

病気——関節、鼻、背中、肩などの痛みやコリ。血行不良。ガン「艮」、胃、
腸（消化器系）。十二消長卦で見ると、「風地観」は陰が陽を消していく
卦。何となく活気がなくなる。老衰、下痢（陽が上にあり、下が筒抜け）。

天気——曇りで風がある。

21
火雷噬嗑
(からいぜいごう)

障害物は噛み砕いて

初爻を下あご、上爻を上あごと、口に見立てた卦です。四爻の陽が障害物になって噛み砕けません。そのため妨害や不和を表しますが、邪魔者を噛み砕けば一気に事態は好転します。

-------------------- 〈火雷噬盍〉講義録 --------------------

三陰三陽卦
「天地否」の交易生卦

「火雷噬嗑」は「天地否」の五爻が初爻に、初爻が五爻にある卦。

天地否　　　　　　　火雷噬嗑

「噬嗑」とは上顎と下顎で噛むことを表します。顎を意味する卦は27「山雷頤」で、顎の間（四爻）に障害物があるのが「火雷噬嗑」です。

山雷頤

「山雷頤」の「頤」は
顎の象形

上顎は「艮」で留まる
下顎は「震」で動く ｝ 物を噛む時は下顎が動く

山雷頤　　火雷噬嗑

「火雷噬嗑」は
「山雷頤」の飛込み生卦

四爻が障害物となって歯が噛み合いません。このことから「火雷噬嗑」は、障害物がある、邪魔者がいる、争いが生じるなどを表します。

互卦約象でみると

一陽爻は　　　「坎」の主爻　なかなか噛み砕けない（進み難む）
（互卦約象）　「艮」の主爻　うまく噛み砕くかどうかがポイント

「火雷噬嗑」の互卦約象は外卦が「坎」（水）、内卦が「艮」（山）で39「水山蹇」。障害が多く、前に進みづらいことを意味します。ただし「火雷噬嗑」の場合、障害物を取り除く（噛み砕く）ことができれば吉となります。そのためには勇気と強さが必要です。

運　勢

運勢——障害があって思うように進まないため、障害を取り除くことを考えるのが先決。

交渉事——相手方に大きな障害がある（外卦の四爻に障害物があるため）。

家庭——不満があって文句が多い時。

会社——活気があるが騒がしい。五爻（社長）のそば（四爻）に邪魔者がいるため、上の人と下の人とがうまく話し合えない。交流がしにくい。

結婚——自分自身（内卦）は「震」で積極的だが、相手方（外卦）の「離」には姑や小姑がいてスムーズに話が進まない。また、互卦約象での「水山蹇」の意味から、相手には秘密に交際する人がいる暗示（二股をかけられている）。

失せ物——箱の中（上爻をフタ、初爻を底）の書類や手紙（「離」の象意）などの間に挟まっている。「水山蹇」の象意からは、何かの下に落ちていることが考えられる。

一陽爻—フタ

一陽爻—底

家出人──山の上の温泉にいる（障害物の四爻は、内卦の「艮」＝山の上にあるから）。また、「水山蹇」の「坎」と「艮」の象意でみると進むに進めない、どこかに閉じ込められている（留置所にいることも）、帰るに帰れず困っている。

家出人が帰ってこない場合はどうしたらよいか──警察に届ける（外卦の「離」の象意は警察）。

病気──虫歯や歯槽膿漏など歯や顎に関すること。暴飲暴食、胃腸障害、喉、食道など食事行為に関すること。障害物が四爻（人体部位では胸）であることから、乳ガン。「水山蹇」の「坎」「艮」の象意から腎臓、脾臓、ガンなど。

いつ手術をしたらよいか──四爻の時であれば障害物を取り除くことができる。

大熊先生とのエピソード**7**

満員大盛況

　大熊先生は、ご自宅を教室として講義をされていました。

　２階の２部屋をつなげて教室と鑑定に使用、８坪ほどのスペースだったと思います。そこへテーブルを繋げて20名以上が受講。時には、テーブルのない階段上の踊り場まで生徒があふれて座っていたのです……。

　大熊先生いわく。

「狭い家に人が満ちているのは、運勢上で大吉。反対に広い家に人が少ないのは運を逃す」。

　隣席の方と、時には身体がふれ合いながら学んでいました。

22

山火賁
さん　か　ひ

飾り物に惑わされない

山並みに沈む夕日のイメージ。夕映えの美しい山も、朝には岩肌が目立ってがっかりすることも。外面と実質が異なることを示唆するのがこの卦。反面、芸術面には強い卦です。

〈 山 火 賁 〉講 義 録

三陰三陽卦
「地天泰」の交易生卦
「火雷噬嗑」の綜卦（賓卦）

「山火賁」は「地天泰」の二爻が上爻に、上爻が二爻にある卦。

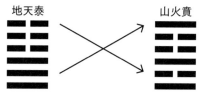

地天泰　　　　　　　　山火賁

「山火賁」の「賁」は、飾る（文＝かざり）の意味。外卦は「艮」で山、内卦は「離」で火。火はもともときれいなものですが、山の下（麓）に火（光）があることで、火は山肌を飾るように美しさが増します。このように、あるものの価値をより効果的に高めるのが「山火賁」です。しかし、時によっては表面だけを飾る「単なる装飾」で、見栄や虚栄に終わることもあります。

「火雷噬嗑」の綜卦でみる見方　　「火雷噬嗑」　　「山火賁」

　21「火雷噬嗑」は上顎の四爻に障害物があり、「山火賁」は下顎の三爻にある。邪魔ものは、下顎にあるほうが取りやすい。

運勢

運勢——見通しが暗いので自重すべき時。大きなことを決定したり、実行したりする時ではない。山の下の火（外卦「艮」の下の「離」）はその明るさが遠く深いところまでは及ばない。そのような時には大きなことは避けなければならない。見栄をはりやすいことにも注意。

会社——内部に障害がある（「火雷噬嗑」と同様、顎の間に障害がある形なので）問題を解決できればうまくやっていける。虚勢を張らないこと。

人物——見栄っ張り。おしゃれ。

結婚——外面と内実が異なる可能性あり。調査をしたほうよい。何かを偽っていることもある。互卦約象では40「雷水解」になる。内卦「坎」（水）は秘密、たくらむ、隠すなどの象意がある。

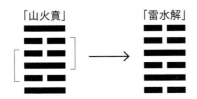

　　　　「山火賁」　　　　　　「雷水解」

失せ物（家の中の場合）——飾るという意味から人形ケース、床の間、本棚の近辺。外卦が「艮」なので玄関、神棚、仏壇。内卦が「離」なので照明のそば。

病気——股関節、性病（いずれも三爻の部位が股であるから）。互卦約象の内卦の「坎」から腎臓、口、歯。山火賁の内卦の「離」から、目、心臓。

株式——高値で止まる（「艮」）または高値（「離」）。ご祝儀相場など実際のものより値が上がっている（飾りの意味から）。

ファッション——三爻に一陽爻が入っていることで、腰にポイントがあるデザイン。色はトップスが黄や茶系（「艮」）、ボトムスが赤系（「離」）。

※判断での注意点

　卦があって爻がある。卦は全体の動き。爻は一つの動き。爻はポイントとして見逃せないが、爻だけにこだわってはいけない。

23

山地剥

さんちはく

身ぐるみ剥がれる

刀で削り取るように土が剥ぎ取られていく山肌。上爻の陽は５つの陰に追い込まれ、もはや手遅れといった状態。動けば事態はますます深刻に。好転するまで待つほかありません。

〈山地剥〉講義録

一陽五陰卦　十二消長卦

外卦は「艮」で山、内卦は「坤」で大地を意味します。

地の上に山がそびえていて、自然の形です。しかし、山肌は風や雨の自然の作用で少しずつ剥ぎ取られていきます。

もう一つは、十二消長卦（陰が陽を消していく＝消）の一つで、陰が多く勢いが強く、一陽の上爻をも剥ぎ落とされそうになるので、「剥」という見方をします。

一つ前の「山火賁」は山の下の火です。噴火山に当てはめると、まだ地熱がある状態。噴き出す口さえあれば、いつでも噴き出す力を持っている休火山です。

それに対して、「山地剥」は、山の下の地底は冷めてしまっています。死火山で、老衰の卦です。女性が強く、男性は粗大ゴミ扱いという状況も示します。

運勢

会社──（一陽）窓際族。いつ剥ぎ落とされるか不安がある。

　陽爻は小人が上の方に迫っていって、会社を剥ぎ取る（潰してしまう）勢いがある。あるいは上位の人が、下から攻（責）められて大変苦しんでいる。ストライキ。

季節——秋から冬に移る時。一日に当てはめると、夕暮れ時。

運勢——見込み違い。手違いのある時なので、一歩引いた行動がよい。

結婚——「艮」相手が望んでいる。「坤」はっきりしない。陰の方が強い——無理に進める縁談ではない。

移転、新築——見合わせた方がよい。見込み違い、手違い。一歩退いた方がよい。

登山してよいか——剥ぎ落とすことから山崩れ、崖崩れあり。崖から落ちる。

土地——坂になっているか、山を切り崩し、平らにして（段を取り）売っている土地。いつ崩れるかわからない。

出産——「艮」身体

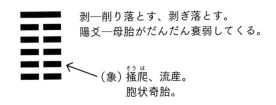

剥—削り落とす、剥ぎ落とす。
陽爻—母胎がだんだん衰弱してくる。

（象）搔爬、流産。
胞状奇胎。

流行——黄色。細かい格子柄。上はブラウス、下はパンツルック。（老衰の卦のため）ネグリジェ、サックドレス、わざと破いたようなデザインの服。ヘアスタイルは前が平らで、後ろが山のように高い。

病気——（崩れていく）皮膚が剥がれる病。「坤」打つ、押さえる—打撲、腫れもの、根が深い。（上爻に一陽）精神不安定、消化器、胃ガン。「艮」身体—（剥ぎ取られていく）衰弱していく。

病勢——重病（一陽が剥ぎ取られていく、土に還る）。
危険（手遅れになっていて根治困難）。「坤」安泰なし。

> 「地天泰」は健康の基本卦。
> 「地雷復」┐
> 「地沢臨」┘は病気回復。

天気——曇りで、雨は降らない。

24

地雷復

ち ら い ふ く

再び元へ戻る

十二消長卦の「冬至月」の卦。一年でもっとも日照時間の短い日。この日を境に日脚はどんどん延び、この卦も復活や復調を意味します。ただし、現在好調な場合は暗転を示唆。

- - - - - - - - - - - - - - - - - 〈地雷復〉講義録 - - - - - - - - - - - - - - - - -

一陽五陰卦　十二消長卦

（陽が長じていく）
「坤為地」の純陰の下に
一陽が復ってきた。

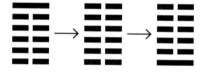

「復」は、元に復する、同じことを繰り返します。

外卦は「坤」で地、内卦は「震」で雷が生じてくる、春が生じてきたことを示します。一陽来復の卦。

地の下に雷があり、やがて地上に出る時を待ちながら、その備えをしている卦です。

時期は冬至の卦（12月21、22日頃）です。

太陽の黄径270度に達し、陰気の窮する時で、昼が一年中で最も短く、夜が一番長い日。一番長いと思った瞬間には、一番短い方へ出発しています。この時を境として、陽が勢いを増していきます。

冬至 ── 天文学上の年の初めになる（新しい年）
　　 ── 年筮をとる（来るべき一年間の運勢を占ってみる）
　　　　　（一年の計画を立てるべき時）

復―「反る」ということを重く見て判断します。身体を主としてみると、退くよりも進むことの方がよいのです。しかし、その進み方は、急進しよ

うとする心を抑えて、近くよりも遠い先をよく注目しながら、徐々に進ん
でいくことです。

運勢

商取引——商品の売買——返品がある（かえる、元に戻る）。

会社の運勢——立て直した（陽爻＝しっかりした人を増やして固めていっ
た）——消長卦。再建したリーダーがだんだん中に入っていく。

ストライキ、トラブルが起こる——越爻。

転業——骨折り損で、元の職に戻る。

就職——初めより二度目の方がよい。

交渉事——繰り返し、繰り返し交渉をすれば、可能性が出てくる。

　問題によって吉凶が違ってくる。今まで苦労があった場合はよくなる。

　「坤」優柔不断——成立させようと思ったら、相当強く出てまとめる。

　「震」足とし動くとする。

結婚——（初婚の場合）できる。（再婚）吉。

旅行——（かえる）無事に帰ってくる。

病気——「震」肝臓。「坤」胃腸。（復）再発（同じことを繰り返す）持病、
既往症。

　「震」足、震え動く——中風。

病勢——再発の恐れ。術後を十分注意する、回復する（治る）、持ち直す。

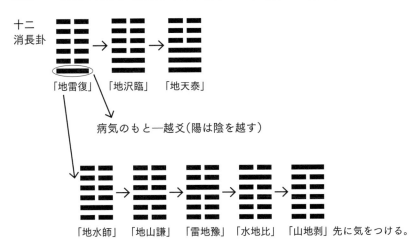

115

明日の天気——今日、雨が降っていれば明日も同じ雨（復—繰り返し）。

- 午前中（震）晴れ
- 午後　（坤）曇り

大熊先生とのエピソード 8

運命の出逢い「地雷復」

　私が初めて筮竹を使用した時の出来事です。

　射覆（箱の中の品物を当てる）の講座でした。ヒントは「嗜好品」。

　たどたどしい筮竹さばきで何とか得卦したのが……「地雷復」六三（三爻）。乏しい知識から、地の色（茶色）、若葉色、若い木なので低木、自然の中にある、繰り返し育つ嗜好品、若葉が茶色……紅茶では？　と思いました。

　私1人が的占（正解）したのです。当てた人が中の品物をいただけるルールですので、大熊先生が紅茶を手渡してくださいました。

　この「地雷復」という卦との出逢い。「ひらけゴマ！」私の中で魔法の扉がひらいた瞬間でした。

25

天雷无妄
<small>てんらいむもう</small>

成り行き任せ

雷を始め、自然はさまざまな現象を
もたらします。抗おうとしても人間は
為す術を持ちません。成り行きに任せ
るしかないのです。それを意味するの
が「无妄」。作為は禁物。

--------- 〈天雷无妄〉講義録 ---------

二陰四陽卦
「天地否」の飛込み生卦

1つ前の「地雷復」の外卦を外反する。

ひっくり返す
（裏返す）

「无妄」は、みだりでない（内容が空虚、空しく形のないものながら混じ
り気のない、純粋な）ことです。

　内卦は「震」で雷、外卦は「乾」で天。人間の力ではどうしようもない
ことで、自然の動きで動いていくもの。止まないことです。

　天も雷も、自然というものは、自然のままの動きで、一定の時を得てい
ます。春になる、暑くなる、台風がくる、寒くなるというのは、春夏秋冬、
一定の（一つの）動きで、リズムがあります。

　自然に応じて行動していかなければならない時。混じり気のない、よこ
しまな考えや欲望を捨てていかなければいけないことを示します。

　現代社会で、果たしてやっていけるかとなりますが、難しいこと。自然
の動きに従っていかなければいけないのです。

　「天妄は災いなり」は、逆らって行動したりすると、災いにあうという意
味。今の世の中は、災いが多く、人間が自ら招いた災いとは、山の木を伐
ることで崖崩れが起こるようなこと。しかし、そうしなければいけない時

もあるでしょう。

　この卦を得たら、みだりに事を為してはいけない（作為）、無理をしてはいけない。あなた任せにするより仕方がない時（自然の成り行きにまかせる時）となり、難しい卦です。老子の思想ですね。

　忙しいから途中でやめるとか、面倒くさがると、悪い意味の忙しさが出てきます。

※一番よく出ている例は、出産の安否です。帝王切開や促進剤を使用したりするのは勧められず、自然に任せるのが望ましいとされます。

運勢

望み事——欲はいけない。自然に任せるより仕方がない（工作しない）。

結婚——成り行き任せ、あなた任せ。自然に任せる。

　内卦は「震」で、積極的に行動するとダメになる予測を表し、外卦は「乾」で、どっしりしています。

お見合い——素直に行く。着飾って行ったり、仲人が細工をしてはいけない。

家出人——自然に任せるわけにはいかない。（「乾」から）警察に頼む。

金儲け・旅行・家を建てる・交渉事——よくない。進めば傷つけられる恐れがある。

　強気になって無理押しに進むと、自分の力でひっくり返る。

天変地異——思いがけぬ天災を蒙る恐れがある時なので、火難や風水害などにもあらかじめ備えるべき（※指した爻にもよる）。

　人間が生きていく限り、欲、希望、野心、積極性を出さないというのは不可能ですが、この卦を得た場合は、よくないと判断していきます。祖先の菩提を弔う、新しく神棚を造るなど、誠意をもって行う神仏のことなどは吉。

例

　中年男性。40度の原因不明の熱が19日間続いた。入院して検査をしたが悪いところなし。医者にもわからなく、治療もなし。検査ばかりで熱も下がらず、やせ細った。

　25「天雷无妄」の五爻を得た。「薬なしで悦びあり」なので、男性の「退院したい」という意思を尊重して、治るとの判断で退院した。自然の成り行きに任せた（工作しない）。

26

山天大畜
（さんてんたいちく）

豊かな収穫

大きく蓄えることを意味する卦。蓄えるものは金銭、実力、愛情、何でも可。蓄えるには時間がかかります。腰を据えてじっくり取り組んでください。大きな夢も叶うでしょう。

-------- 〈山天大畜〉講義録 --------

二陰四陽卦
「天雷无妄」の綜卦（賓卦）

　内卦は「乾」、外卦は「艮」で、少男（元気な若者）を表します。

　若者が、「乾」が進んでくるのを大いに（たくさん）畜めるという卦です。「大畜」は、大いに畜める、養い育てていくということ。「乾」の力のあるものを、もっともっと充実させて実らせてから、世の中に送り出す象です。

　蓄えっぱなしではいけないとし、世の中に役立てさせるために抑えている様です。

　一方、9「風天小畜」の方は、「巽」の少女が、「乾」が進んでくるのを少しとどめるとなります。

　大畜は、小を積んで大を成す卦です。内卦「乾」は五行にあてると金。外卦「艮」は家、門です。門、あるいは家の中にお金をたくさん蓄えている（貯金）、それを増やすということです。

　この卦を得たら、貯金を出し入れするのはよくありません。定期預金、積み立てがよいのです。

　「艮」は、「とどめる」ですが、「遅い」ともします。

　何事も行動は遅く、結果も遅いので、急いでするとか、勢いに任せて進みすぎてはいけません。力を蓄えながら、時期が来たら有効に使うのがよ

いのです。

運勢──苦労は多いが報われる。他からの妨害、邪魔（抑えられる）に耐
　えて根気よく努力すれば吉。

　　出処進退の占（進んでいいか退いた方がいいか）の場合、筮をとる時
　は、何か問題・悩みがあり、それを前提として易を立てる。
　それを解決するのに、よい結果を招く時と、悪い結果を招く場合の両方
　がある。

　　あせってバタバタしても悪い時なのに、そうしなければいられない場
　合もある。六十四卦の中には、それに対処しやすい卦と、しにくい卦が
　ある。そういう観点からみると、「山天大畜」は苦心して好結果を得ら
　れる場合が多い。

例　結婚の遅い人を占ってみて、4「山水蒙」なら見通しが悪いとなり、26「山
　天大畜」なら、同じ遅くでも時を得ればよい結果が得られるとなる。

人物──お金を蓄えている人、金持ち、独身貴族。言葉が重くて十分に話
　せない人。話すことも歩くこともゆっくりの人。

体格──大きくて、こんもり、大きな腹。

女性──「乾」色が白く、「艮」鼻が高い人。

待ち人は来るか──来るが遅い（いろいろ用意して来るから待っていると
　よい）。

出産の安否──遅れるけど無事安産（大きな子を宿している）。

失くし物──「艮」家、門なので、家の中にあるとみる場合は机の下にあ
　る、金庫、定期積立預金通帳の間に。形（象）でみる場合はフタをした
　形なので、大きな箱の中にある。

病気──（身体の中に蓄えるから）慢性の便秘。
　「乾」頭、肺。「艮」山、腫れもの　上爻に一陽があって乾を止めている。
　頭の上のおでき─脳腫瘍、頭痛（頭が重い）。
　肺の中の腫瘍、ノイローゼ（出ようとするのを抑えられている）。

天気──全般的に曇りが多い（午前中いくらか明るい）。雨は降らない。

27

山雷頤
（さんらいい）

失言に用心

内卦は下あご、外卦は上あご。口に見立てた卦。21「火雷噬嗑」と違い、この卦には障害物がなく、それが油断の元に。欲望のまま行動する、失言しやすいなどが心配されます。

- - - - - - - - - - - - 〈山雷頤〉講義録 - - - - - - - - - - - -

二陽四陰卦　大離の似卦

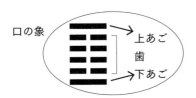

口の象　→上あご　歯　→下あご

「頤」はあごのことで、上あごと下あごが向かい合っている象です。養いの卦、口論の卦。

26「山天大畜」で蓄えたものを、養い育てていくのです。

外卦は「艮」で、抑えることを表し、内卦は「震」で、動くことを意味します。外卦が上あごで、内卦が下あごを動かして物を嚙むということを示しており、上あごと下あごの正しいあり方です。

オルゴールやアコーディオン、墨をすることも同じです。

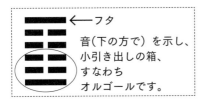

←フタ
音（下の方で）を示し、小引き出しの箱、すなわちオルゴールです。

手で押して、音を出す、アコーディオンです。

121

「震」が音、「艮」が押す手です。

「震」―押して、「艮」―押さえるので、墨のすり方ともなります。

象でみると、頤、歯、口、箱、筒、硯（真ん中がへこんでいる）。箱の中に細かいものがキチッとしまわれている状態です。

また、大きな口をあけて、中がカラッポといえば、鯉のぼりです。そこから子供に関する祝い事ともみます。

運 勢

運勢――食べることには困らない。口げんかが多い。

「震」で進もうとしても、「艮」が抑えるので、なかなか伸びにくい。

失せ物――箱の中、鯉のぼりや硯をしまってあるところ。

結婚――話し合いはできるが口論も多い。上あごと下あごがぶつかる―話し合い、口論の卦。内卦（震）が大口ばかりで内実が伴わない、中が何もない人を表す。外卦「艮」が倒震で、空虚とする（仲人が財産があるなどと大ボラを吹くなど）。倒震は、向こう側からみると、相対する、噛み合うの意味。

交渉事――話し合いはできるが進まない。口先に騙されて損をする。

就職――食べる―自分が生計を立てるためにならない。

株――上昇気運はあるが持ち合い。

地震があるかどうか――あるが、抑えられる―小さな地震。

病気――病は口より入る―口腔、消化器。

病勢――頑固で長引く。食餌療法で気長に養生する。遊魂の卦。

養いの卦であり、人の世話をする（養子）、人の厄介になる（寄宿）の意も。「離」の似卦（「用語解説」参照）―大離に似ている。（41「山沢損」、42「風雷益」）

28

<ruby>沢<rt>たく</rt></ruby><ruby>風<rt>ふう</rt></ruby><ruby>大<rt>たい</rt></ruby><ruby>過<rt>か</rt></ruby>

荷の重さに堪えて

家の重みに押しつぶされた土台と、たわんだ屋根を表す卦です。物も人間も、負荷がかかりすぎると堪えられなくなります。そうなる前に、頑張りすぎていないか、チェック。

------------------------------ 〈沢風大過〉講義録 ------------------------------

二陰四陽卦
「山雷頤」の錯卦

　二つの陰爻（初六、上六）をもって陽を抱きかかえている形です。

　陽が多すぎる―大いなるものが過ぎている―二陰四陽卦。それを支えているのが陰爻で、荷が重すぎる（陽の重さに堪えかねている）のです。

　もう一つの見方は、外卦は「兌」が沢、内卦「巽」が木ですから、沢（湖）の中に木が沈んでいる、横たわっている（底に没している）というもの。本来、木は地上に出ているものなので、アベコベである、物事が逆さまであるということ。大過は、非常識、危険な時の卦です。

　「㊝㊫弱キナリ」四陽―屋根を支える大きな横木の<ruby>棟<rt>むなぎ</rt></ruby>が<ruby>撓<rt>たわ</rt></ruby>むことを示します。「本」が初六、「末」が上六を指します。陽の重さに堪えかねている、大に過ぎているのです。

　人物でいえば、大きな希望を持ちすぎている、身分不相応な荷を抱えている。二心あるとみます。

　外卦「兌」は口、内卦「巽」は倒兌で、口と口とがお互いに背き合っていることを意味します。

　卦辞に「大過は棟<ruby>撓<rt>たわ</rt></ruby>む。往く<ruby>攸<rt>ところ</rt></ruby>あるに<ruby>利<rt>よ</rt></ruby>ろし。<ruby>亨<rt>とお</rt></ruby>る」とあります。屋根の重みを支えきれず、今にも建物が崩壊する危険に遭遇している状況。しかし、そのままにしておけないので、何とか救わなくてはいけないと示唆

しています。

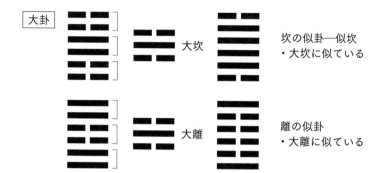

大坎		坎の似卦─似坎 ・大坎に似ている
大離		離の似卦 ・大離に似ている

運 勢

望み事──荷（身体）が重すぎてダメ。

商売──「巽」商売、整う、儲かる。

外卦「兌」──（倒巽）──商売が倒れる。

　陰の中に陽を抱き、乗せている象、すなわち陽爻（在庫）を抱えている、儲からない。

家出人は生きているか──死んでいる。沢（湖）に入水。

出産の安否──子供が大きすぎて生まれるのに苦労する。母胎に危険のある時。

人物──頭が小さくて足が小さい、ビヤ樽体形の人。

　知能と足に問題を抱えている人。

病気──「棺」の象 –

　　陽爻が多すぎる（荷が重い）

　　　　　　病気が重い

布団をかけて横たわっている。
気をつけなければ棺桶に入る。

　『繋辞伝』には、古の葬いは、死ぬと野辺にそのまま移した。木の上に置くなど、鳥葬、風葬であったとある。後世になって「沢風大過」の卦より棺槨製作のヒントを得たとしている。棺は「なかひつぎ」、槨は「そ

とひつぎ」である。遊魂卦。

会社──（荷が重すぎることから）人が多くて給料を払うのが大変だ（初爻が当たってない）。（「本来弱きなり」から）基礎が弱い。

今年のファッション──長くて、ウエストをしめない袋に似たスタイル。

失せ物──見つからない。
┌ 内卦「巽」─薄い
└ 外卦「兌」─（倒巽）─薄い
　真ん中「乾」─大きくて広い
　このことから、コタツの中やクロスをかけたテーブルの下など。

大熊先生の卦（自称）

 頭が小さい、足が太い、尻で支えている。

大熊先生とのエピソード 9

ドキドキのイベント出演　その1

　当時、新宿マイシティ（現在はルミネエスト新宿）の「成人の日無料鑑定会」など、多くのイベントが開催されていました。

　新宿マイシティは、着飾った成人式帰りの方々も長い列を作り、華やかムードのイベントでした。200名ほどが、対面鑑定を楽しまれたようです。

　このイベントは、鑑定時間も少なく、手早い鑑定をしなければならず、はじめは、緊張の連続でした。終了後のミニパーティーは、マイシティオーナーが、豪華な料理をご用意くださり、うれしい思い出です。

29

坎為水
（かん　い　すい）

苦しみが重なる

苦労を意味する「坎」が二つ。一難去ってまた一難。困難が降りかかる時。水は柔軟ですが「坎」の中央には陽爻があり、芯の強さを意味します。強固な意志で困難を克服。

〈坎為水〉講義録

二陽四陰卦
「坎為水」の綜卦（賓卦）、易位卦

　四難卦の一つです（「用語解説」参照）。

　卦辞の「習坎は重険なり」というのは、「坎」（苦しみの卦）が二つ重なっている（苦しみが二度続く）ということ。難儀の卦です。

　陽卦が陰をもって覆われている、陰中の陽卦です。

　「坎」は水とし、冬とし、夜とします。寒い難（なや）み、陥る、険しい、苦しいことを示します。

 ○ ← 一本筋（陽）は通っている一陽卦（　　に一陽爻入ったもの）。

　芯はしっかりしているので、筋（中心にある）を一本通していけば坎険に打ち克ちます。中心の「孚」を貫き通すのは、表面は柔弱に見えても、心棒に強剛なところがあって屈しないからです。※孚は卵の象です。

　あくまでも苦労は苦労、進むことも退くことも容易ではない四苦八苦の時ですので、「男子の本壊の卦」といえます。

運勢

性格——苦労性。暗い感じ、酒に弱く、異性に弱い人（「坎」が「交わり」のため）。

「坎」競う—水はどんどん流れて尽きない—賭け事好き。

運勢——苦難に耐えて、時運の転換するのを待つより仕方がない。水難、盗難（「坎」の「隠れる」「暗い」「夜」から）。

結婚——二度交わるの意から、再婚。「坎」隠れた交わり—男女も身持ちがよくない。

出産——二度苦労。出血が二度ある。

男か女か——双生児の可能性。とくに男児の双子。

病気——腎臓、飲みすぎ、アルコール依存症、寝汗をかく、多汗症。「坎」心—精神の病、うつ病（家の中にとじこもる）、生理不順。「坎」脊髄、耳、血液の病気、婦人病、性病（淫行が困）。

病勢——（水がいつまでも流れていることから）長引く。「坎」二つ—再発する。「坎」陥る—病根が深い。

天気——雨。梅雨時だったら長雨。※62「雷山小過」は大雨。爻により、洪水になり氾濫する。

株——安値「坎」、下がる。安いから買ってよいが、また安くなるからダメ（「坎」二つ）。

30

離為火

りいか

人に従って無事

火が二つ。火は燃え移るもの。何に燃え移るかが問題で、正しいものに付けば吉、付くべきではないところに付けば結果は変わります。二つの火で「繰り返される」の意味も。

〈離為火〉講義録

二陰四陽卦
「坎為水」の錯卦

「離為火」は重卦（八純卦）です。
「離」は火、陽（日輪）です。「正しい火なら世の中を明るくする」ということ。

　現在の上皇陛下が皇太子殿下だった時の称号「継宮明仁親王」は、離為火の「象伝」より継と明の2文字を用いられました。
「明両ツ作ルハ離。大人以テ明ヲ継ギ四方ヲ照ラス」とあります。
メイフタ　オコ
「離」を二つ重ね、一日の日が沈めば、次の日が来ることを思わせるように、大人たるものは、天に則り、その明徳を日々新たにして、天下万民の光とならなければならない、という意味です。

運勢

人物——目の美しい人、賢い人、打ちとけない人、中女が二人。
性格——明るいが派手な人。
交渉事——（賓卦としてみても）同じ「離為火」。（向待法でみると）内卦と外卦に分けてみる。火 → 美しい →見る。こちらは相手を見ている。相手もこちらを見ている。話し合おうと思っていても、両方で甲冑を着ている。互いにカラに閉じこもって、構えているから打ちとけない。

流行——赤か紫色の柄物。上と下のつながりがないもの（上がブラウス、
　　下がスカート。ワンピースよりもツーピース）

化粧——目に重点をおく。

病気——心臓、血圧、やけど、日射病。

病勢——（離）激烈。長患いは危篤に陥る。手当てが早ければ治る。

試験——通らない（甲冑を着ている）。実力が表に出ない？

天気——晴れ（晴天続き）。得卦が悪いと、間もなく雨（「沢風大過」）。

　　互卦約象は28「沢風大過」です。大坎（坎の似卦）

沢風大過

「離為火」で、上経が終わります。「沢山咸」から下経に入ります。

上経
　体（基本）、理論　　　　　　　1「乾為天」〜30「離為火」

下経
　用（応用、変化）、実践　　　31「沢山咸」〜64「火水未済」

　理論が会得されれば、その実践にも自ら通じます。基礎が明らかならば、
その応用変化もまた自ずと理解されるでしょう。易は上経を解して、自ら
下経に通じるのです。

31

たくざんかん
沢山咸

直感を信じて

「咸」に「心」をつければ「感」。理屈で考えるより心で感じる、直感を大事にすることで吉となります。ピンとひらめいたら自分の感性を信じ、スピーディーに行動して。

〈沢山咸〉講義録

三陰三陽卦
「天地否」の交易生卦

　咸は、感じる、速やかなりの意味です。内卦は「艮」で、少男（若い男性）、とどまることを表し、外卦は「兌」で、少女、悦ぶことを表します。

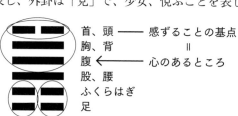

象でみる人間の立像
（人体）

首、頭 —— 感ずることの基点
胸、背　　　＝
腹 ←—— 心のあるところ
股、腰
ふくらはぎ
足

　若い男性と女性が精神的にも肉体的にも一番感じる様を表します。
　恋愛の卦で、若い男女が感じ合う（ほのぼのとした悦びを感じます）。
　自然の作用に当てはめると、山の上に沢があり、沢の水が霧（坎の水、雨にならない水—水蒸気）となり、山の上にあってたまっています。これから雨になって降ろうとしているのです。若い男女が自然に惹かれ合う様子です。

三陰三陽卦
陰陽が交わらない卦「天地否」

「天地否」の交易生卦

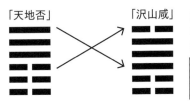

「天地否」　　　「沢山咸」

（乾の上九は三に下り、坤の六三は上に上る）。
もと「天地否」の三爻と上爻が交易した。
三爻と上爻—応爻。

男ヨリ女ニ下ル
柔上リテ剛下ル

交易卦—陰と陽がお互いに感じたということ。
「二気感応シテ以テ相與ニス」
包卦—坤をもって乾を包んでいる。

「序卦伝」（「用語解説」参照）
「天地有リテ然ル後ニ萬物有リ。萬物有リテ然ル後ニ男女有リ。男女有リテ然ル
後ニ夫婦有リ。夫婦有リテ然ル後ニ父子有リ。父子有リテ然ル後ニ君臣有リ。
君臣有リテ然ル後ニ上下有リ。上下有リテ然ル後ニ礼儀錯ク所有リ。」
　　　　　　　　　　　　　　　乾坤陰陽の相感応する卦「沢山咸」

　咸は速なりですから、物事の動きが早いのです。
　理知的・冷静というよりも、どちらかというと直感的、感情的に動く方
が多くなります。そのため、あまり感情的になってはいけないとします。

向待法でみると

相手—向こうを向いている

自分—背中を向けている

小さいもの—包みこまれている
大きいもの—隠されている—見つかる

運 勢

失せ物——包卦（「坤」の中に「乾」を包む）。「乾」はお金で、「坤」は古
　い、年寄り、四角を意味するため、年寄りの部屋や古着の中。
　お金があるかないかでいうと、ある（お金を抱えている様）。「坤」表面
　は貧しいとみえるが、中に抱えているとなる。

人物——感情的な人、よく気のつく人、いきとどいている人。または、異
　性問題を起こしやすい人。

性格——うわべはおとなしいが、芯はしっかりしている。感情的になりやすい。

結婚——婿養子が吉。恋愛の卦（当人同士、恋愛に陥っている）。

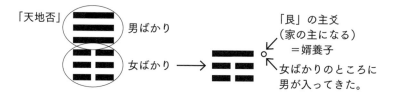

「天地否」　男ばかり　女ばかり　→　「艮」の主爻（家の主になる）＝婿養子　女ばかりのところに男が入ってきた。

物価——（感じる）高低（上下）が激しい。前半は高値で動かない。中間はやや高く、上向き。終わり頃は安値「兌」。

病気——男と女が股のところで感じるの意から、性病、セックス、遊び。
（感じることから）伝染病と「兌」呼吸器で、呼吸器系の伝染病を示す。
（「坤」をもって「乾」を包んでいる）「坤」は消化器のため、胃ガン。
（感じることから）つわり。「兌」は口、「坤」は子宮。子宮の中に「乾」（大きなかたまり）となり、妊娠。妊娠を病気と思い違いをしていることがある。

交渉事——感情的になると相手が口「兌」を向こうに向けている。感情的になってはいけない。

32

らいふうこう
雷風恒

常を守る

夫婦を表す卦。普遍を意味する「恒」という字が末長く連れ添うことを意味します。人はマンネリを嫌い、刺激を求めますが、この卦はそれを戒めています。初心を忘れないことも大切。

-------------------- 〈雷風恒〉講義録 --------------------

三陰三陽卦
「風雷益」の易位卦
「地天泰」の交易生卦

　男女交感の卦の次に、男性が外へ出て、女性が家にいて整えているという、夫婦恒常の卦となります。恒は常を守る卦です。一つのことを守って久しく変えないことを示します。

　外卦は「震」で、長男を表し、内卦は「巽」で、長女を表します。

　夫婦は家を保ち、子供が生まれ、その子供はまたその子供を……というように、つながります。一つ一つの形は違っていても、家として夫婦としての形態はずっと続いていきます。それが夫婦の形であり、久しく変わらないという意味になるのです。

　常を守っていく、変えない。新しいことや変わったことをしないで、今までのことを根気よく努力していく。他に心を動かされないということです。すなわち、「家を建てていいか」「会社で新しい人を入れるべきか」の問いには、「今のままがよい」の意味となります。

　外卦は「震」で、動いてとどまりません。内卦は「巽」で風ですから、不安定となります。

　常を守るという意味で、「望み事は通らない」という判断となります。また、落ち着かなくて不安定なので、すぐには達成しないともいえます。

長く抱いている望みの場合は、その望み事（乾は大きいことを示すので）を変えないでいくならば、達成できるでしょう。

　三陰三陽卦は、男女が交わっています。

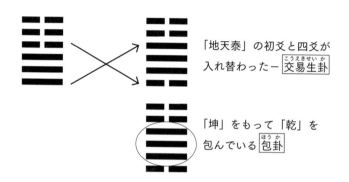

「地天泰」の初爻と四爻が入れ替わった―<u>交易生卦</u>（こうえきせいか）

「坤」をもって「乾」を包んでいる<u>包卦</u>（ほうか）

　陽（陰）爻が陰（陽）爻を一爻ずつ越えていく―越爻生卦（えっこうせいか）。
　小成卦のまま一爻ずつ越えていく―越位（えつい）。

「沢山咸」　⟶　「雷風恒」　⟶　「地天泰」に

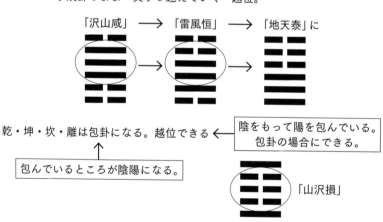

乾・坤・坎・離は包卦になる。越位できる

包んでいるところが陰陽になる。

陰をもって陽を包んでいる。包卦の場合にできる。

「山沢損」

運勢

家出人――家出は常をはずしたこと。雷風共に動くものなので、一つのところにとどまっていない。ゆえに、つかまりにくい。

お金の紛失――見つからない。盗られたのかどうかについては、盗られた

のでなく、いつものところにあるので、よく探しなさい。

これからやろうとすること──やらない方がよい。恒を守れ。

結婚──男性は向こうを向いていて、女性は迷っているとなるので、ダメ。
　強行してはいけない。

離婚していいか──別れてはいけない。「雷風恒」は夫婦の卦である。占
　的をよくしぼって再度判断する。

病気──（「坤」をもって「乾」を包む）胃ガン、食道ガン。脚部の浮腫、
　生活習慣病。

天気──曇り（夏─雷雨、秋─晴天）。

「雷風恒」の卦の読み方

・三陰三陽卦である。
・「沢山咸」の綜卦（ひっくり返す）であり、賓卦（向こう側から見る）
　である。
・「風雷益」の易位卦（「用語解説」参照）である。
　易位卦……内卦を外卦に、外卦を内卦に移す。小成卦が小成卦を乗り越える。
・「地天泰」の交易生卦である
・包卦である（坤をもって乾を包んでいる）

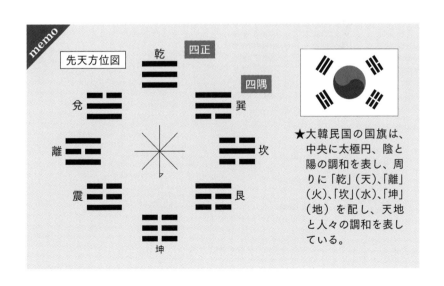

memo

先天方位図

四正

四隅

乾

兌

離

震

巽

坎

艮

坤

★大韓民国の国旗は、
中央に太極円、陰と
陽の調和を表し、周
りに「乾」（天）、「離」
（火）、「坎」（水）、「坤」
（地）を配し、天地
と人々の調和を表し
ている。

33

てんざんとん
天山遯

退き隠れる

初爻と二爻の陰が、陽を追いつめています。どんなに頑張っても力が及ばないことはありますが、この卦はまさにそれ。立場に固執せず、速やかに退くことです。

- - - - - - - - - - 〈天山遯〉講義録 - - - - - - - - - -

二陰四陽卦
「山天大畜」の易位卦

遯は遯れる（退き、隠れる）です。

内卦は「艮」で、山を表し、外卦は「乾」で、君子を表します。君子が山の上に逃れている（一時的に逃れている）、隠居（退）の卦です。

十二消長卦の一つ（P.47「用語解説」）。消―陰が陽を消していく卦です。

遯　　否　　観

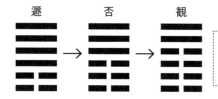

> 陰の小人がだんだん力を増していく。陽の君子は、消されては困るから、山の上に逃れていく。

大巽の卦

巽―騒ぐ―進退果たさず。騒がしいだけでらちが明かず。
滑り止めなく。また変動がある。足元が定まらない。

運勢

運勢──消極的な時。活気がない。正しい意見が通らない時。衰退の傾向。身辺に危険が迫っていることも示す。「艮」は門、家で、今まで門内（家）にあった貴重なものが外に出ていくとなる。「乾」は尊いもの、お金なので、財産が減ったり、なくなったりする。また、「乾」は動く意であるから、重要な人物がいなくなる（去る）。早く見切りをつけないと災厄を生ずる危険がある。

縁談──（陰をもって陽を消していくことから）和合し難い。縁（相手）が逃げる。

病気──老衰、スタミナ減退。

大巽のため、風邪、腸

軽い場合は「病気が逃げる」とみて、すぐ治る。重い場合は徐々に衰弱し、危険に至る（陰が陽の生気を消していく）。

家出人──どこかにひそみ隠れ、いつも居場所を変えていて見つからない。

失せ物──（大巽）行方がわからない。（動いていて）手に戻らない。

天気──曇ったうっとうしい日。次第に雲が増していって、明日あたり雨となる。

大熊先生とのエピソード **10**

ドキドキのイベント出演　その2

　私が出演した一番華やかなイベントは、新宿花園神社でのイベントでした。神社の敷地をフル活用し、たくさんのテントが軒を連ねて様々な占いを行っていました。その頃有名だった「白蛇占い：泉アツノ先生」（日本占術協会会員）も出演。放送局の中継もあったと記憶しています。

　私は大熊先生より「花びら占い」で鑑定するようにご指示があり、その手法をご指導いただき当日を迎えました。当日は、入り口で入場券を購入して占いブースを巡ったようです。私のテントの前を多くの人が、行き交い盛況でした。年齢層もバラバラですが、結構な人数を鑑定したと思います。快晴で爽やかな季節、充実した1日でした。

34

らいてんたいそう
雷天大壮

勢いをセーブして

外卦は雷、内卦は天。陽の勢いが盛んで、「大壮」の字が元気や盛大さを表します。運勢に勢いはありますが、一方で暴走による失敗が気がかり。冷静さと謙虚さも忘れないこと。

〈雷天大壮〉講義録

二陰四陽卦
「天雷无妄」の易位卦

　内卦は「乾」で、天、大いなるものを表し、外卦は「震」で、雷、奮動（力を奮って動く）することを表します。動いて止まないとなります。天上に雷が奮動し、大いに壮（さか）んという象を示します。

　二陰四陽卦です。

　十二消長卦—陽が長じて（増して）いくので、大いに盛んです。大壮—大いなるものの勢いが盛んです（「乾為天」になろうとする勢い）。

　たいへん活気があって元気でいいのですが、盛んすぎて、行きすぎ（暴走）になる恐れがあります。したがって、とどまるべきところにとどまり、とどまるべき時にとどまるべき。

　行きすぎず、退かず、正しいところにとどまって（進みすぎないように）こそ、大いに盛んであるという状態を持続することができます。

大兌の卦

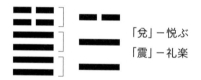

「兌」—悦ぶ
「震」—礼楽

「楽をもって天を悦ばしめ、礼を行うこと大いに壮ん（君子たるものは勢い盛んな時でも剛に過ぎることなく、また理に従って礼に則った行いをすべきである）」

運勢

人物——壮年。大いに盛んな元気な人。忙しい人、はったりの強い人。言葉も盛ん（大兌）、しゃべりすぎる。言葉が早い、元気よすぎる。

運勢——勢いが強すぎて失敗することが多い。

　（大兌）毀折（き せつ）（破れ壊れる）、挫折（勢いにまかせてやりすぎる）。

　四爻—外卦「震」の主爻「震」は発展、行動性、やりすぎ、騒がしい。
　　（伏）「地天泰」は一歩退いてやっていく。

結婚——（陽爻が増えていくため）男性の勢いが強い、女性が負ける（健康が損なわれる）。和合し難い。

家庭——動きすぎて落ち着かない。動きすぎがマイナス。

天気——晴れ（雷鳴があっても曇るだけで雨にはならない）。

株——「乾」が高い、「震」が動く。大いに盛ん、高値。

適職、趣味——動いていいもの、スポーツ関係（マラソン、自転車の競争）。一歩退いたらダメ。一歩でも退いてはうまくいかない。

病気——「乾」高熱、意識混乱。便秘、浮腫、脚気（下半身—乾で充実している）。

病勢——怠慢や不摂生で症状を悪化させる。

＜勝負占の例＞

相撲でどちらが勝つか？

　　内卦、外卦をどちらの力士にするか決めておきます。
　　たとえば、横綱など番付が上位の力士や好きな力士を外卦にします。

大兌の場合は、内卦が勝つ。

　　内卦は「乾」で、どっしりとした強さを表します。　　｜両方とも
　　外卦は「震」で、土俵の外に出てしまいます（勇み足）。　｜元気があります。

大巽の場合は、外卦が勝つ。

35

火地晋
（か　ち　しん）

チャンス到来

地平線に太陽が顔を出し、ぐんぐん上昇するイメージ。期待感にあふれます。大きく前進する時なので速やかに、積極的に動きましょう。これまでの苦労が報われます。

- - - - - - - - - - - - 〈火地晋〉講義録 - - - - - - - - - - - -

二陽四陰卦
「地火明夷」の易位卦

　内卦は「坤」で、地、大地を表し、外卦は「離」で、日輪（太陽）を表します。晋は晉（シン、すすむ）で、日の出と共にすべてのものが進み至るという意味です。

　地上に日輪が輝いている様です。『象伝』には、「晋ハ進ムナリ」とあり、運動をみています。地上から日輪（太陽）が光を伴いながら進んでいき、非常に活気があります。

　『雑卦伝』には、「晋ハ書ナリ」とあり、「ありすがた（現相）」をみています。明るくて活気がある、昼の卦です。

　六十四卦の中に「すすむ」という意味をとった卦は三つあります。
「地風升」　木の種から芽が生じて伸びる進み方　　　　　　　——→
「風山漸」　生え出た若木が大木に育っていく進み方——→
「火地晋」　光を伴って盛り進む。　◎一番活気のある進み方

運勢

運勢——自分の希望・計画に明るさを見出していく時。夜が明けるように前途が明るくなっていく（爻によって到達するのが大変でも、将来は明るさがある）。

職場運——目上の引き立てがある「坤」、柔順。柔の上行する（尊位に親しく出入りして進む）、昇進の機運が生じる。重要な地位につく。進むのはいいが、急いで進んではいけない。太陽は一刻一秒休むことなく順々に昇り進んでいくものであるから、そういう調子で進んでいくのがよい。

九四の爻辞……陰の位に陽でいる（不正）。
大きな障害に遭う。

「艮」は鼫鼠（大ねずみ）。首が強く、牙の鋭い獣を示し、「坎」は影で悪いことをする。夜、盗むことを示す。内卦「坤」の三陰が、順従をもって君位の六五に進み、仕えようとするのを邪魔する。

結婚——明るくていいが、四爻（小姑）が邪魔をする。「坤」はっきりしない。

家出人——明るい（生きている）。家出人は見つかるかについては、明の地上に出る卦なので、見つかる。帰ってくるかについては、どんどん進んでいくが、夜になれば帰ってくる（日輪が地下に帰るため）。

失せ物——時を経たものはわからない。

金運——明るさがあるからよい。

景気——明るい、上向き。

⎰ 前半—好調
⎱ 後半—頭の黒いねずみがいる

株——進む、高くなる。

今年の流行——赤と黄色、またはその両方のオレンジ色。「離」が花柄で、（坤）は粗末な木綿、袋、パンタロン（ベルボトム）、Gパン、チェック柄。

職業——「坤」大衆、勤め人、農家。

病気——「坤」腹、胃腸、伝染病、中毒。
「離」熱、日射病、消化器の熱。
目、（進む）胃ガンになる、血圧が高くなる。

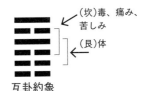

←（坎）毒、痛み、苦しみ

←（艮）体

互卦約象

病勢——進む（急速に悪化する）、遊魂の卦。

天気——晴天。午前は曇りで、午後は晴れる。

<勝負占の例>

相撲でどちらが勝つか？

大巽

外卦に設定した力士が勝つ。

36

地火明夷
ちかめいい

見通しがつかない

太陽が沈み、夜の闇に覆われた時。闇の中で見通しが利かないように、暗中模索が続くでしょう。理不尽な思いもしそうです。無理に動かず、英気を養うことです。

〈地火明夷〉講義録

二陽四陰卦
「火地晋」の易位卦

　内卦は「離」で、日輪、明なるものを表し、外卦は「坤」で、地を表します。地の下に日輪（太陽）が没している、すなわち夜の卦です。

「明夷ハ傷ル（破る）ナリ」「序卦伝」
　　　　　やぶ

　明は明らか。夷は大と弓を重ねた文字です。大きな弓は物を、明るさを傷つける、破る、となります。

　明るさを破る（明夷）ので、闇、隠れるとなり、暗いこと、夜を示します。明らかなものが破られる、正しい明が失われたために生じるとみます。日没のような自然現象だけでなく、政治などに当てはめると、乱れて暗いのは、その政治の正常さが失われた世の中であるといえます。

　「離」―文明―見る。

　「坤」―柔順―衆。

　あまり明るすぎて（賢すぎて）はいけないから、明るさ（賢さ）を隠して行動することを意味します。

　だまされたり、他から災難に見舞われたりする時、才能を発揮しようとすれば傷つけられるので、今は無能を装って耐え、時が来るのを待つべきとなります。

運 勢

運勢——先が暗くて見えない、見通しが悪い、普通のことが普通として通用しない時。

商売事——手控える。商売は悪い、暗い、パッとしない。

開業してよいか——夜の商売であったら、爻によってはやってよい。

人物——実力や才能を持っていながら無能を装っている場合と、本当に無能（頭が暗い）場合とを見分ける。お金があるために災難を蒙ったり、才能があるために憎まれたりする。持っている才能や品物を、人に知られぬようにしておく。人の恨みや妬みを受けないように注意する。

結婚——見通しが暗い。やめた方がいい。まとまりにくく、あとで苦情が多い。

家を建てる——控えた方がいい。

家庭——火の消えたような陰気さがある。お金があるために災難を蒙ったり、才能があるために憎まれたりする。持っている才能や品物を、人に知られないようにしておく。人の恨みや妬みを受けないように注意する。

交渉事——らちが明かない、偽りが多い。

職場運——書類のミス、忘れ、押印の失敗、重要書類の紛失。

適職——夜警、夜間工事。

病気——目（暗い）、心臓（あるべきところに太陽がない）。
「離」は薬のため、薬の中毒。

病勢——危ない（見通し悪い）、遊魂の卦。

天気——（暗い）曇り。

株——安い。

試験——受からない、「離」賢さが隠れている。

37

風火家人
ふう か か じん

正しく家を守る

火は風に煽られ、風も火によって勢いを増します。理想的な協力関係は、それぞれが自分の役割を守ること。この卦を得た時は、本分が全うできているか振り返ってみてください。

--------------------------------- 〈風火家人〉講義録 ---------------------------------

二陰四陽卦
「火風鼎」の易位卦

「家人ハ内ナリ」（卦辞）。家人は「家の人」です。すなわち家庭で、女が慎ましく家を有つという卦です。
たも

内卦は「離」で火であり、外卦は「巽」で風です。

火は風を呼び、風は火の力を増していきます（ふいごのようなもの）。互いに助け合って勢いが強くなります。ちょうど家族が、互いに力を合わせて家を大きくしていく努力をかたどっています。

巽―長女　　　離―中女とする

二人の女性がそれぞれ順序正しく家を保っています。

「乾」をもって「坎」を包んでいる包卦。苦しみ、憂いを包んでいます。家というものは火がなければ動物に襲われます。その火をいつも絶やさない（火種を守る）のが家人です。

巽―木　　　離―火

家の中に灯り（あたたかさ）があるのは、一家としてたいへんいいことです。木に火をともし、それを守るところが家であって、女性の役目でした。

　女性は内を守り、男性は外で勤めることで、家が、正常に保たれるとします。

「家正しくして天下定まる」
　一つの家が正しく収まっていれば、社会の風潮になり、正しい国家ができます。

五爻 剛健中正（家長の位）
二爻 柔順中正（主婦の位）

あるべき地位にあってこそ
家が正しく保たれていく

　家の中を治めることは難しいこと。繰り返すと、「乾」をもって「坎」（悩み）を包んでいる包卦であるため、積極的に物事を進める時ではく、進むよりも守る方に利があります。
　外に出て行うよりも、内にあって進める方が、効果があります。「家人のごとくせよ」ということです。

運 勢

事業運——表面は調（ととの）う「巽」が、内面は火の車（内に火あり）。

進退——進むよりも守る方に利がある。家の中にいて努力した方が効果がある。

お店をやりたい——家業以外に手を出してはならない時。それでも開店する時の対処策としては、家庭的なホットなムードでやりなさい。

結婚の吉凶——（家を保つ）家庭的で、よい。
　初爻はダメ（小さなことまでやかましい。自由がきかない。発展性がない）。
　二爻は料理上手、願ってもない女性。
　四爻は商人の妻によい。
　五爻はよい。
　それぞれの特徴を生かして家を保っていく。

試験——おとなしくてやさしい卦のため、成功しない（試験は激しく強いものであるため）。包卦「乾」大きい、高い、尊いことを示すので、大きな学校は難しい。やさしい学校がおすすめ。

旅行——家族旅行ならよい。それ以外はすすめられない。

家を建ててよいか——見送るべき。

家を建てる時の注意——「乾」は大きい。「乾」をもって「坎」を包んでいる包卦で、「坎」は穴。吹き抜けは作ってはいけない。「坎」は水を表わすため、庭に池を作ったり、つくばいを置く場合は、その位置に注意。もしくは、水場（台所や浴室）の位置に注意する。

病気——陽の熱、風邪の熱。

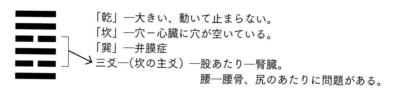

「乾」—大きい、動いて止まらない。
「坎」—穴—心臓に穴が空いている。
「巽」—弁膜症
三爻—（坎の主爻）—股あたり—腎臓。
　　　　腰—腰骨、尻のあたりに問題がある。

病勢——余病を併発（火が風を起こし、風が火を強める）。

流行——暖色系の柄もの。

38

<ruby>火<rt>か</rt></ruby><ruby>沢<rt>たく</rt></ruby><ruby>睽<rt>けい</rt></ruby>

意見対立

外卦は離、内卦は兑。年代の異なる女性を意味します。立場や価値観が違うので反目し合いますが、共通項を見出せば案外仲良くできそうです。改善の余地は残されています。

---------------- 〈火沢睽〉講義録 ----------------

二陰四陽卦
「沢火革」の易位卦

睽はそむく、異なるの意です。

外卦は「離」で火、燃え上がる、炎上することを表し、内卦は「兑」で水、下がる性質、沈下する、背反することを表します。火と水は、お互いにその性質が相そむき、相異なることから睽といいます。

外卦「離」は中女（次女）。上に昇ることを意味し、内卦「兑」は少女（年少の女子）で下にとどまることを望みます。

中女と少女から、一家の中にあって、その志や行いが互いに違うので、そむく（意見が合わない）となります。

「天水訟」―男卦―訴訟の卦（乾を公とし、坎を法とする）。
　　　　　　　訴えて理由を言い争うのが、「訴訟」。

「火沢睽」―女卦―そむく
　　　　　　二人の女性が同居していて、家の中で
　　　　　　お互いに目をそむけ合う。

外卦（離）の「目が合う」意味に対し、内卦「兌」は毀折（破れ、壊れる）ことを意味します。「乾」をもって「坎」を包んでいる包卦です。

運勢

家庭——（内輪が）円満にいかない。嫉妬の折り合いがうまくいかない。
　二つの目標があって、それがうまくいかなくて苦しい。

会社——意見の対立（目をそむけ合っている）、難みになる。

結婚——互いにそむく不和の卦。まとまっても、あとでゴタゴタする。

職場運——社内が騒然としていて、居心地がよくない。

試験——そむくの意味から、受からない。

病気——「離」—目—斜視。
　「兌」—肺—肋膜による熱、吐血。
　「乾」をもって「坎」を包んでいる包卦のため、「離」と「兌」が示す二つの病気を同時に患う。まとまらないことから「心が二つ」とし、精神錯乱状態、統合失調症、ノイローゼや逆上。
　そむき合う、思うように動けない—半身不随（身体不自由）。
　血行不順、生理不順（坎）。

病勢——病気がそむき、離れることから、治る。時には病気と医者の見立てが相反していたり、病気（身体）と薬が合わなかったりすることが多い。

胎児の性別——「乾」の中に「坎」を包むことから、男子。複数だったら三つ子（男一人、女二人）。「坎」は男、「兌」（離）は女。

流行——（睽）二つ
　　　　「坎」水　　　　┐柄－水玉など、いろいろな色が
　　　　「乾」丸い玉　　┘二つも三つも混ざっている。

苦労の重複

濁流と険しい山に阻まれ、寒さと恐怖で足が萎えて進みません。身動きが取れない今、無理をすれば悪循環にはまります。唯一できることは、知恵のある人に助言を求めること。

39

すいざんけん
水山蹇

-------------------------- 〈水山蹇〉講義録 --------------------------

二陽四陰卦
「山水蒙」の易位卦

　蹇は、足が寒さで凍え、萎えて歩けない、進めないという意味です。水山蹇は四難卦（P.46「用語解説」）の一つ。外卦は「坎」で水、内卦は「艮」で山です。行けば水、戻れば山で進退きわまるということ。行き難みの卦です。

　「水雷屯」は険中にあって進もう、抜けようとする難（悩）みなのに対し、「水山蹇」は険中に止まって動かない難みです。止まって難みを耐えしのごうとする様、力及ばずしてとどまる卦です。

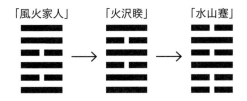

「風火家人」 → 「火沢睽」 → 「水山蹇」

序卦断法（P.47「用語解説」）

「水山蹇」を裏返した卦、錯卦は38「火沢睽」です。

「水山蹇」の前は38「火沢睽」です。「火沢睽」の前は37「風火家人」（火沢睽の綜卦・賓卦）。

『易経』、六十四卦の序列は、綜卦か錯卦の二卦の組み合わせをつなぎ合

わせています。

「乾」「坤」「坎」「離」の重卦──「乾為天」、「坤為地」、「坎為水」、「離為火」
錯卦が全く同じ卦──「山雷頤」、「沢風大過」、「風沢中孚」、「雷山小過」

> 錯卦（裏卦）を組み合わせ

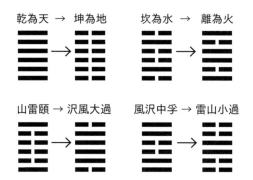

乾為天 → 坤為地　　坎為水 → 離為火

山雷頤 → 沢風大過　風沢中孚 → 雷山小過

> その他はみな綜卦（賓卦）の組み合わせ

（例）「水雷屯」→「山水蒙」

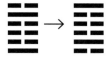

> 綜卦であって、しかも錯卦である組み合わせ

「地天泰」→「天地否」「水火既済」→「火水未済」

「風火家人」→「火沢睽」→「水山蹇」→「雷水解」

綜卦　　　錯卦　　　綜卦

綜卦の二組のつなぎ合わせが綜卦になっているのは、ただ一つだけで、それが睽と蹇のつながりです。

ニッチもサッチもいかない状態になったというのは、蹇の裏に「火沢睽」があるからで、蹇の難みは、内部の対立を隠れたる原因としていることが多いのです。したがって、内部を整えることが何よりも大事であり、外部に向かって行動するのはいけません。

「坤」をもって「離」を包んでいる包卦である ┌「艮」─動かず
　　　　　　　　　　　　　　　　　　　　　　└「坎」─陥る

内卦は「艮」で、家とし、門とすること、外卦は「坎」で水、穴です。穴に落ちたり、水に溺れたりすることを表します。門の前に水があり、穴があって、うっかり出ていくと危険に陥ります。

蹇は苦労が多い、二度苦労を繰り返す象です。盗難、詐欺、水害、病気など。一難去って、また一難が襲う、ニッチもサッチもいかないうえに、また起こるという意味です。

坎二つ

坎

坎

外卦の坎と
二、三、四の坎

運 勢

運勢──進退きわまるような問題が一度ならず二度起きる。対処策はじっとしていること（あとの「坎」の方が楽である）。

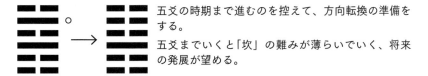

五爻の時期まで進むのを控えて、方向転換の準備をする。
五爻までいくと「坎」の難みが薄らいでいく、将来の発展が望める。

結婚──うまく運ばない、別れるに別れられない。

移転──（足難む）足場、すなわち住居の難みがある。移転は辛抱した方

がよい。家の前に川や池があったり、湿地であるなど。

旅行——進むも退くもできなくなる。

金運——よくない（ニッチもサッチもいかない、伸び悩む）。手形などの問題。「坤」をもって「離」を包んでいる（「離」は証書、印章）。

事業運——よくない。新しいことは見合わせる。

出産の安否——進もうとして難みがあって止まる。障害や苦痛が多く、また出産予定日が遅れる。時期が遅れれば母体が危険。死産か早産（屯は生み出す苦しみ）。

懐胎（妊娠）の有無——（包卦）妊娠している。

子供の性別——女。「坤」（母親）でもって「離」（女）を包む。爻によっては、生まれた子は足が悪いなどの恐れがある。

病気——（「坎」二つ）病気が二つある。

　　　　　（「坤」の中に「離」）消化器系の病気、発熱、足が痛む。

　　　　　「坤」胃の中に熱。

　　　　　「坎」——潰瘍　子宮ガン　┌（坎）苦しみ、病む。
　　　　　　　　＼腎臓　　　　　　└（艮）腰

病勢——行きつ戻りつつ、はっきりしない。

試験——受からない。

景気——悪い、動くことができない。苦しいから寝ていられない、のんびりしていられない、苦しみながら時を待つ。五爻でやわらぐ。（需は寝て待つ、のんびり待つ）

天気——晴れたり曇ったり、雨が降ったり。

株は——上がらない。

┌─────────────────────────┐
│　「水山蹇」の卦の読み方
└─────────────────────────┘

・「水山蹇」の裏卦（錯卦）は「火沢睽」
・坤をもって離を包んでいる包卦
・「山水蒙」の易位卦
・「雷水解」の綜卦・賓卦
・互卦約象－「火水未済」

40

雷水解
（らいすいかい）

悩みが解消する

苦労の連続だった人は、ようやくそれが解消される時。逆に順調に物事が進んでいる時は、それが「解かれる」、つまり運が下降する恐れ。現在の状況によって判断が変わります。

---- 〈雷水解〉講義録 ----

二陽四陰卦
「水雷屯」の易位卦

「雷水解」の解は、とける（よくわかる）解散、理解です。

　解という字は、刀で牛角を割く（わかつ）と同じ意味です。今まで一つであったものを判つ（とく）、解放（はなす）することです。この卦を得たら、解き散らさなければいけない難儀の原因があることを読み取ります。原因となるものを断ち離さねばならないことを示します。

　内卦は「坎」で、冬、氷、冷たい、寒いことを表し、外卦は「震」で、春、雷を表します。内卦は易位卦「水雷屯」。春になって寒さがゆるみ、解けていく（寒さを解かす）の意。吉の卦でもあり、凶の卦でもあります。このような卦は、六十四卦中、二つあります。すなわち「雷水解」と「水雷屯」です。

　困難や苦労にあって難み続けてきた場合は、その難みが解け、ゆるんできたら吉です。ところが、これから新しく行うこと（契約、結婚など）は、そのことが解けてしまう（解消する）というのですから、凶となり、よくとりません。占的によって、よくとったり、悪くとったりするので、やさしいようで難しい卦です。

運勢

会社——使用人や友人などの中によくない者がいる。それと分離しなけれ

ば、いつまでたっても難（悩）みの種となる（帳簿や商品のごまかし）。

勤め人は、解雇や転業などのある時（正業から解かれる）。

お金が借りられるか——借りられない（とけてしまう）。

ヒモのような男性に悩まされている女性——縁が解ける。

出産の安否——初期なら流産、早産の恐れ。臨月なら安産。難みがとける。

旅行——思いつきの旅行は宿が取れなくて行けなくなる。前から計画して
いた旅行は、「坎」は冬・寒い、難み、苦労がある。

移転——暗い、水に苦しめられている状態なので、移転してよい。苦労の
ない時の移転ならやめた方がよい。

病気——包卦（「坤」で持って「離」を包んでいる）、「離」は下の方を示す。

腹中に熱のある症—胃熱、腹痛。

肝臓、腎臓、消化器系。

「坤」は子宮。「離」の中爻は（股）のため性病。

解けることから血液の病気（白血球が少ないなど）。

乾癬病（皮膚病）「山地剥」—だんだんはがされていく意味がある。

病勢——軽い場合は、とける—治る。重い場合は、人間がとける—死ぬ。

屯の易位卦—今まで表面に現れなかった苦しみが表面に現れてきた—悪
化の傾向がある。

天気——午前中雨、午後晴れ、その間に日が照る。

旅行に行きたいが、明日の天気はと問う場合、自分の望み事がとけると
なる。難しい読み。

株——買おうとしたらダメ。前場安値、後場は上がる（震）。

今日のおかず——魚、野菜、鍋物（二、三、四爻が「離」—（鶏肉、カニ）。

明日、何を着ていったら——「坎」（穴）からズボン。青色（葉の柄）。

「雷水解」の卦の読み方

・坤をもって離を包んでいる包卦

・「水雷屯」の易位卦

・「水山蹇」の綜卦、賓卦

・互卦約象−「水火既済」

・錯卦−「風火家人」

※包卦は８つあります。（P.50「用語解説」）

41

山沢損
（さんたくそん）

目先の利益に囚われない

自分の「沢」の土を相手に捧げることで、相手の「山」は高さを増します。自分は損をしても相手に尽くすことで、回り回って後には利益を得られるという卦です。

〈山沢損〉講義録

三陰三陽卦
「沢山咸」の易位卦
「地天泰」の交易生卦

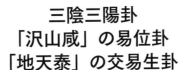

「損」は損失、損害、減るという意味ですが、営利の道の「儲けた損した」という時の損失ではありません。損するべきことのためには財を失い、減らす。減らして少なくなることを示します。税金など、当然、損しなければならない損です。

　内卦は「兌」で、沢、湖を表し、外卦は「艮」で、山を表します。平地は山があるよりも沢があった方が、より山は高く見えます。湖や沢が深いほど、また低いところにあるほど、山は高く見えることから、自分を減らして（へりくだって）他を益すという意です。自分が低くなればなるほど相手が高くなるのです。

　三陰三陽卦です（基本卦「地天泰」「天地否」）。

上の人
貧しい
下の人
豊か、充実している

（交易）

三爻の一陽を上に移し、代わって上爻の一陰を下に移した

11「地天泰」の交易生卦です。
『彖伝』は「損は下を損して上を益す」。
（たんでん）

内卦の豊かなものの一部（九三の一陽爻）を減らして（損して）、上の方にあげた（益した）、すなわち、交易した（内を減らして外に役立たせる）となります。

```
┌「地天泰」
│┌泰中の否──いつまでも「地天泰」ではない。
│└泰中の泰──循環変動している。
└「天地否」
  ┌否中の泰
  └否中の否　泰が必ずしも泰ではなく、
　　　　　　　否が必ずしも否ではない。
```

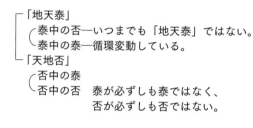

変化推移
損益の動き

「地天泰」の最初の変化→「山沢損」

「天地否」の最初の変化→「風雷益」

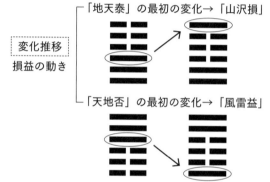

三陰三陽卦で、陰と陽がはっきり区別されています。偏っているともいえます。その変化推移を爻位の上に示しました。

最初は三爻を上爻が変化しました（応爻同士）。

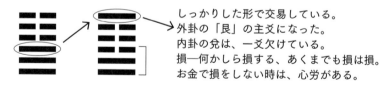

しっかりした形で交易している。
外卦の「艮」の主爻になった。
内卦の兌は、一爻欠けている。
損──何かしら損する、あくまでも損は損。
お金で損をしない時は、心労がある。

損は「地天泰」と同じように初めはよくないが、あとでよくなります。

運勢

運勢──己れを損して他を益する。

人の厄介（世話）事をみたり、公事のために粉骨砕身する。

三爻が上爻へ交易
　↘愛情問題
　　　　　　　　　女ばかり　→　　　　　（艮）は家
　　　　　　　　　男ばかり

養子が吉＝女ばかりのところへ一陽（男）が入ってきた。

家出人——泰の一陽を損して、しかも出ていった（陽は「艮」となってとどまる）。戻ってこない。

失せ物——（損する）なかなか見つからない。戻っても三分の一は失う（損する）。

「兌」毀損。見つかっても壊れているか、お礼で損する。

待ち人——遅いがくるだろう。遅れてくる。走ってくる、損する。

　→　ごちそうする。
　　　お金を貸す。

（艮）倒壊。「震」足、歩く、早い、進む。

　　相手が遅いから、どんな状態で遅いかをみる。

（艮）の賓卦—「震」—電話してくる（連絡がある）。

向待法でみる（P.44「用語解説」）

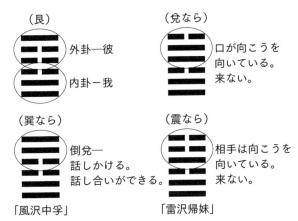

（艮）
外卦—彼
内卦—我

（兌なら）
口が向こうを
向いている。
来ない。

（巽なら）
倒兌—
話しかける。
話し合いができる。

「風沢中孚」

（震なら）
相手は向こうを
向いている。
来ない。

「雷沢帰妹」

全体の卦をみたうえで賓卦でみる。

賓主法 ─ 外卦の小成卦だけみる。 ── 賓 ─ 外卦（倒震）
　　　　　　　　　　　　　　　　　　 主 └ 内卦（兌）

向待法 そのままみる。 ───→ ┌ 外卦─（彼）─（艮）
　　　　　　　　　　　　　　 └ 内卦─（私）─（兌）

病気 ── 体力を損じる（衰弱）、過労。

　　　　「兌」は口　　　　　 ┐
　　　　「艮」は押さえる　　 └ 口をふさいでいる。食べられない。

交易生卦 （「地天泰」から来た）

　陰と陽から交わった。三爻（股）─性病。
　上にのぼった─上爻（頭）─のぼせ、頭痛。
　「地天泰」（健康の基本卦）─生理が普通、順調である。
　陽爻が上にのぼって、とどまった─生理不順。
　「乾」をもって「坤」を包む 包卦 ─頭のおでき─脳腫瘍。

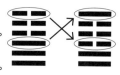

株 ── 前場「兌」安値、持ち合い。

　　　　後場「艮」高値、持ち合い。

天気 ── 夕方から曇る（包卦）、たまには少しだけ日が出る。

　　　　午前「兌」曇り
　　　　午後「艮」曇り

　　　「離」の 似卦

　　　大離に似ている。

　　　包卦 ─ 越位 （小成卦のまま、一爻ずつ越えていく）

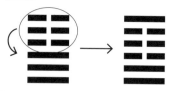

　　　「沢山咸」の易位卦
　　　「風雷益」の綜卦であり、賓卦です。錯卦は「沢山咸」

42

ふうらいえき
風雷益

天の恵みを還元する

相乗効果により利益がもたらされる時なので、協力体制が必須。また、利益は上位の者が下位の者に分け与えることが大事と教えます。下位が豊かになれば上位も豊かになります。

---------- 〈風雷益〉講義録 ----------

三陰三陽卦
「天地否」の交易生卦
離の似卦

交易生卦

「天地否」   「風雷益」

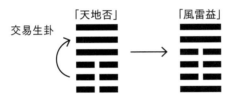

「益」は増し加えることです。

「益は上を損して下を益す」は、「水平思想」を表します。

　偏在しているものを水平にしようとすることです。これは、易の本来の思想で、中を尊ぶ、物の中心にあたることを示します。(P.25「中正、不中、不正」参照)

偏りすぎ

┌損—「地天泰」の交易生卦
└益—「天地否」の交易生卦(九四の一陽を初爻に益した)
　上は充実。
　下は貧しい。

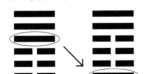

上にあるものを下に及ぼす。
上の人徳が下に及ぶ、乏しい下を益する。
下の方に活気がある(奮動振作する)。
「山沢損」の上爻はよいが、益の上爻はダメ。

六爻のうち

┌ 五爻（外卦の中心）
│　　　─陽の位─陰がきても咎(とが)めない─剛中の爻 ┐ 徳がある。
└ 二爻（内卦の中心）　　　　　　　　　　　　　　　│ 悪くとらない。
　　　　　─陰の位─陽がきても咎めない─柔中の爻 ┘

「風雷益」　　五爻─陽 ┐
　　　　　　　　　　　│ 正を得ている
　　　　　　　二爻─陰 ┘

┌─────────────────────────────────────┐
│「中正ニシテ慶アリ」とあるのは、益という行いが │
│ 道に適して、しかも慶びをもたらすという意味。 │
└─────────────────────────────────────┘

「山沢損」　　五爻─陽の位に陰でいる

　　　　　　　二爻─陰の位に陽でいる

┌────────────────────┐┌─────────────┐
│位はずれているが、咎めない ││─おとなしい夫　　│
│まして応じている。悪くとらない ││└しっかりした妻 │
└────────────────────┘└─────────────┘

　外卦は「巽」で風、木を表し、内卦は「震」で道、往来することを意味
します。
　「乾」をもって「坤」を包む包卦─舟の象─「大川ヲ渉ルニ利」

　　　　　　　　　　　　　　　　　「木道ノチ行ハル」（卦辞）

運 勢

運勢──益す（盛運）、雷も風もその形を残さない。表面の景気のよさに
　比べ、内実が伴わない。今が頂上である。

会社──目上の引き立てがある。

望み事──「天地否」で通じないものも、人の助力、または人の協力で調(ととの)う。

商売──儲かる。

使用人を雇ってもよいか──（益）増す、増やすの意で、よい。

結婚——よい（人が増す）。「震」「巽」騒がしい。

子供はできるか——できる（益す）（「乾」をもって「坤」を包む包卦）。

男か女か——女「坤」。大きなおなかに「坤」が入っている。

安産か——「巽」「震」騒々しい、共に形がないので、用心が必要。臨月
に関する問題は安産とみる。

職業——増えていく商売がよい。製造業。子供が増える意味で、託児所。
内卦が「震」で植物、外卦が「巽」で調えることから花屋、造園業。
「震」は電気であるから、冷蔵庫、エアコンなど家電を作るのも売るのも
よい。「巽」風からクーラー。細長いもの、線も示す。「震」は電話。

病気——病気の時に得卦した場合は、病勢が進む、広がることに繋がるの
で注意が必要。病気の説明は、細心の配慮が必要。「震」肝臓。「巽」風
邪、腸。神経痛、消化器。

病勢——増す、進むため、病勢は悪い。急治困難（早く治る見込みは薄い）
余病併発（包卦のため、余病の恐れがある）

流行——ファッションは「震」が歩く、開くであり、「巽」が波、フリル
のため、歩きやすい服、フレアスカートで、すそに縁取りやテープがあ
るものとなる。スカート丈や髪型も（増す）ので、長いもの。

色——「震」はグリーン、「巽」は青。
　　　　乾をもって坤を包む—乾—白　　ベージュ、クリーム
　　　　　　　　　　　　　　坤—黄

43

沢天夬

たくてんかい

決壊の兆し

ダムでいえば決壊寸前。国でいえばクーデター勃発の直前。いずれも危機的状況。この卦を得たら「厳しい決断が迫られている」と用心を。方向転換が余儀なくされます。

〈沢天夬〉講義録

一陰五陽卦　十二消長卦

「夬」は決する、決断、決定です。何かの勢いが極まる（決まる）ところまで行って、それを一思いに片づける（定まる）となります。内卦は「乾」で天を表し、外卦は「兌」で沢、水がたまっていることを表します。

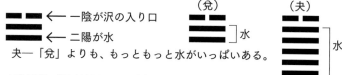

←一陰が沢の入り口
←二陽が水
夬―「兌」よりも、もっともっと水がいっぱいある。

（兌）水

（夬）水

十二消長卦（陽が長じていく）。

水がどんどん増えるとあふれる。

入り口よりもいっぱいになり、どこかへこぼれなければならないという決潰の象です。

けっかい

（乾）は尊い、高い、大きいの意ですから、尊くて高くて大きい五陽の剛の上に陰（上六）の小人がのっかっていることにあたります。社会的にいえば、実力がないのに一番高い地位についている状態。

五陽爻で陰の小人を決し去ろうとしています（決する）。

運勢

運勢――陽の勢いが強すぎる（五陽爻がある）。実力以上のことに手を出

したり、何とか早く決まりをつけようと、せっかちなやり方で物を決し
ようとすると、いろいろな手違いが起こり、失敗をする。

　五陽爻が一陰を決し去るので、そのような間違いに障害を伴ったり、口
をふさがれるとか、血を見るようなことが起きやすい時。

事業運──拡張とか大きいことをやろうとして、思わぬ失敗をする時。一
　歩退いてやっていく（退けば大壮となり泰となる）。

縁談──偏っている（一陰五陽卦）。バランスがとれていない。

　（上六一頭、口）頭にくるような問題が起きる。

　向待法でみると、彼（相手）は向こうを向いている。（P.44「用語解説」）
　夬する─争い事が起きやすい。夬─契約事を破棄する。
　「兌」─頭が欠けている、すなわち短気、思慮が足りない。
　　　　　　口うるさい、刃物を振り回すような相手。

　結婚占の場合、基本は内卦を男に、外卦を女にする。問筮者（質問者）
を内卦に置く。

今年の台風──堤防、ダムの決壊、水の被害。

失せ物──「兌」へこみ、破れ、壊れる。すぐならば現れる「兌」が、見
　つかっても壊されていて、元のままの形では戻らない。またはどこかの
　へこみに落ちた。

待ち人──（内卦）我─来ない。

金運──大きい─大きなお金を思い切って使う時。

　（決する）─時には保証人になるなどで大きな損をする。

　あふれるほどお金があっても使ってしまう（陽の勢いが強い）。

金運を卦で表すと

乾・「山天大畜」「風天小畜」─たまっている。
坤・「雷地豫」─あらかじめ準備する。
（無・「坤為地」─ケチケチしてもたまらない（滞る）。
と・「沢天夬」─たまっても出る。
す・「地天泰」─だんだん乱れてくる。
る）・「火天大有」─大いに保つ。

病気──頭のケガ、脳溢血、呼吸器系の疾患（内外卦の象から）。

　（陽爻多すぎる、増えていくから）浮腫（むくみ）、逆上（のぼせ、）頭
　にくる。

　（兌）は口、決するなので、嘔吐（吐き気）。

病勢──陽爻がどんどん増えて勢い盛んなことから急変、悪化する恐れ。

悪化が早い。

天気——晴れのち曇り。

スポーツ——（乾）運動—健やか、動いて止まない。
（決する）—勝負を決する—柔道。

旅行——交通事故に注意。むち打ち、頭がい骨骨折。

恐怖の風景「沢天夬」

　私の従兄弟が、東京郊外に新築マンションを購入しました。入居後まもなく、サンフランシスコへの転勤が決まり、独身の彼は旅立って行ったのですが、空港へ見送りに行った時、おかしな発言をしました。

　「マンションに帰ると不快な気分になるんだよ」「住人以外の人が、先日、屋上から投身自殺をして」。そうした発言があり、たびたび国際電話がかかるようになり、結果、マンションを売却することに。友人が不動産関係でしたので、調査と販売をお願いしました。

　マンションの敷地は？　得卦「坎為水」九二（二爻）、因縁のある土地なのかと考え、不快の原因は？　得卦「沢天夬」上六（六爻）☱☰首がない?!　大熊先生は、「土地が悪すぎる。早く手放しなさい」と一刀両断のアドバイスでした。

　従兄弟は倹約家で、大手会社が販売した当時、破格の安値だったマンションを購入。調べてみると、昔、処刑場で湿地帯でした。まさに首だけが置かれていて……考えただけでも怖い風景です。急いで販売、すぐに不動産業者との契約成立し、彼が一時帰国して契約。その後、様々な噂が広がりマンション価格は、暴落したそうです。

　得卦が「沢天夬」の場合は、危険の兆しに要注意、察知能力をフル活用することをおすすめします。私は、仏壇にお線香を上げてから、この原稿を書かせていただきました。この地で亡くなられた方々のご冥福、そしてご成仏されることを心よりお祈りいたします。

44

てんぷうこう
天風姤

予想外の出会いに注意

美しく勝ち気な女性が5人の男性を手玉に取っているイメージ。そんな女性に出会ったら、男性の運命は変わるかもしれません。望まない出来事や災難に注意したい時。

- - - - - - - - - - - 〈天風姤〉講義録 - - - - - - - - - - -

一陰五陽卦
「沢天夬」の綜卦（賓卦）

「姤ハ遇ナリ」（「序卦伝」）は思いがけなく遇うこと、礼儀など関係なく、偶然の出会い。十二消長卦で、陽ばかりのところに一陰が復ってきたものです。

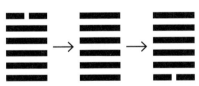

五陽爻で一陰を消し去る「沢天夬」
陽の君子ばかりの世の中になった「乾為天」）。
思いがけなく下の方に一陰が出てきた。
期待してないのにひょっこり現れた。

待望され、喜びをもって迎えられる。

「地雷復」——（一陽が復ってきた）陽—正しい、尊い。
「天風姤」——（一陰が復ってきた）陰—不正、卑しい。

——————— 少々邪魔者扱いにしている。

　内卦は「巽」で、長女、整えることを表します。これが（一陰）で、「巽」の主爻となります。

　外卦は「乾」で、成熟しきった女性がひょっこり下へ現れたことを表します。

　一陰をもって五陽爻と相まみえようと、自分から進んでやってきたした

たか者です。整った女性が五人の男性を相手にするといえます。

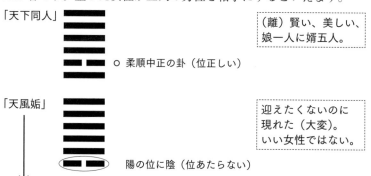

「天下同人」

（離）賢い、美しい、娘一人に婿五人。

○ 柔順中正の卦（位正しい）

「天風姤」

迎えたくないのに現れた（大変）。いい女性ではない。

陽の位に陰（位あたらない）

陰爻がどんどん伸びていって、陽爻を消していきます。

「天山遯」→「天地否」→「風地観」（衰退の卦）

　思いがけなく遇う（予期せずに遇う）。これは、悪いことの方が多いのです。「巽」は伏入、ひそんでいること。すなわち、だまされる、盗難に遭うとなります。

　内卦（乾）の一つを缺く（欠くの旧字）ので、お金がだんだん減っていきます。

┌ 内卦（乾）─天 ┐ 天の下に風が吹きめぐっている象。
└ 外卦（巽）─風 ┘ 物事に締まりがない（ルーズになった原因は女性）。

「乾」心─心の中（すき間）に風が入ってくる─迷いが生じる。これから進んで事をなすべきではない（やめた方がよい）。

　油断をしないで破れが来ないようにし、女難、男難に気をつけること。

運 勢

願い事──大きな事は通じない。行うと危険。

結婚──男難、女難の卦。多情（好色）な女性に勢い盛んで、一人で五人の男性を相手に、現代ならキャリアウーマンか。相手にされなくても、自分からまみえる（出てくる）。

出産の安否──思いがけなく足を折るとか風邪をひく。結果、流産の恐れも。陽の気がなくなってくることから、出産後の母体が衰弱していく恐れ。

家出人——思いがけないところに潜んで（隠れて）いるのを見つけた。または、思いがけない女性と家出。

家の中での失せ物——「乾」の大きいから、金庫の下。

（象でみる）足がついている姿見のところ。

「乾」透明、スベスベの意から、思いがけない女の子が持っていたなど。

「巽」が風なので風邪薬のあるところ、長いの意味から糸のあるところ。

天気——曇り、風が出る。思いがけなく大風が吹く、「乾」大きいの意のため。

病気——「巽」風—風邪、吹きめぐる—流行性伝染病。また、思いがけなく女性に出会う。浮気—性病（病気が伏入した）。「巽」陽—脱肛。

爻位により足をくじいた。

病勢——（陰の勢いが増していく）しだいに悪くなる。

幸、不幸が不意にやってくる。よい意味の不意ではない。

大熊先生とのエピソード 12

かぐわしき「天風姤」

　　射覆（箱の中の品物を当てる）の講座でのことです。ヒントは日用品でした。得卦「天風姤」九三（三爻）でした。

　　かぐわしく、美しくして誰からも好まれる物であり、「乾」で、固くて様々な形態がある。そして「巽」でその香りは、風で広がり多くの人を魅了して止まない。「石鹸だ！」と思いました。他の生徒の得卦は覚えていませんが、多くの方が「石鹸」の答えにたどり着いていたのです。

　　珍しく大熊先生が微笑んでおられました。

　「天風姤」の威力を感じました。私の中で「天風姤」は、講座の記憶から"西太后"を思い起こさせる卦です。

　　強烈なイメージが頭の中で広がっていきました。かつての中国の王宮、紫禁城（故宮）の広大な浴室で女官にかしずかれながら……芳香を放つ浴槽で石鹸の泡につつまれた"西太后"……。

　　この画像が私の脳裏に広がっている中で、講座が終了しました。

45

沢地萃
たくちすい

人や物が集まる

地上に水が集まれば田畑を潤し、人が集まり、村が生まれ、商売が盛んに行われます。活気と悦びを意味する卦ですが、ライバルは増え、事故の心配も懸念されます。

〈沢地萃〉講義録

二陽四陰卦
「地沢臨」の易位卦

「萃」は、集（聚）まり、集めるの意味です。内卦は「坤」で、土、大地を表し、外卦は「兌」で、沢、水を表します。すなわち、土の上に沢の水がたまっている象、または雨が降って地面の上にたまっている象です。雨水は低いところ、低いところとへこみを求めて寄り集まります。

「水地比」水と土とが境目がわからなくなるくらい相浸透する（親しむ）。
人の親しむのに見立てた―親しめば集まる。
親しむということを基にして、集まるという動きをみた。

「沢地萃」集まるという卦で、集まれば親しむのが当然。
集まる動きを基にして、その中に親しみ交わる状態をみている。
親しみ交われば、にぎやかになる（大きく盛んになる）。

人が集まると心（精神）だけでなく物も集まる（祭礼など）。

外卦（兌）―喜ぶ、お金―利益も集まる。

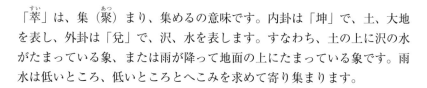

卦徳 ── 九五 剛健中正 ／応爻＼ 六二 柔順中正

頭 胴 足 人間の立像、歩行中の人間、裸形の象
三爻－一糸もまとってない。
服は？といったらワイドパンツ
黄色、柄もの、格子

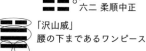

「沢山咸」
腰の下まであるワンピース

二陽四陰卦
（四爻、五爻の二陽爻）ポイント：目標が二つあって、その選定に注意を要する。

運勢

今年の米作、農作物——（集まる）たくさんとれる、豊作である。一方、
　たくさんあるために（集まりすぎて）値段は安くなる。

結婚——よい話がたくさん集まる。大体吉。そこから選ぶ。時には皆集まっ
　てお祝いすることもある。

出産——（集まる）安産一減るのではない。

家出人——（集まる）戻る。

場所——人の集まるところ、都会、裸でいるところ（温泉・サウナ・風俗
　など）吉。

病気——「兌」口、咽喉の障害。　　　　胆石、腸(三・四・五)　巽
　「坤」消化器系（胃）。　　　　二・三・四に艮——内卦にかかっている
　「坤」の中に二陽爻（患部）ガン。　　　　　消化器の方のガン

病勢——凶（よくない）。病気がいくつも集まる、病気が募ってくる。

神事仏事——祖先を祀ったり、墓を建てたり、神事仏事には吉。

天気——曇り（地上に水が集まる）、（時期によっては）振り出せば長雨。
　台風など。

<table>
<tr><td>

46

地風升
ち　ふう　しょう

</td><td>

昇り進む

外卦の「地」の下に「樹木」の種が
あり、これから生長していくことを
「升」の字が表します。上昇機運を意
味する卦ですが、育つには長い歳月を
要します。堅実な歩みが大切です。

</td></tr>
</table>

--------------- 〈地風升〉講義録 ---------------

二陽四陰卦
「風地観」の易位卦

「升」は昇り、進むという意味です。
しょう

　外卦は「坤」で地を表し、内卦は「巽」で風、木の根とします。地の下
に風が入り込んでいるとなりますが、現象としては考えにくいので、風と
いうより巽をもって木の根とするのです。

　地の下にある根（まだ地上に伸びない芽が地中にある）となり、木の芽
が地中に埋もれています。そのまま埋もれてしまうのではなく、やがて伸
び育って大きくなる素質がある、ということです。しかし、大きくなると
いっても一度にではなく、少しずつ少しずつ、目に見えないような状態で
伸びていく性質のもの（初爻の陰―柔をもって従う）。相手や環境の力に
左右される、あくまで受け身の立場です。

運勢

運勢――よい。少しずつ上昇していく。

交渉事――初めは「巽」の風のように迷ってなかなか進まないが、迷わな
　いで積極的に進んでいけば実る時が来る（種子が地上に出ていく辛抱強
　さが必要）。

結婚――吉（昇り進む）、玉の輿に乗るような縁談。

子供はできるか――できる（「坤」の腹中に「巽」の種を宿し、芽がだん

だん大きくなる）、安産。

人物——地道に努力する人（徐々に伸びる）、将来大物になる人。希望を抱いている人、見込みのある人。

家出人——「坤」田舎、母、老婆のところに隠れている。

「巽」ひそむ、伏入。

病気——（地の下の芽）ガンの初期。「巽」腸、風邪、消化器。

病源（内卦の二陽爻）で腰より下、足が風のように動くことから中風。

病勢——悪い（昇り進む）。

天気——「坤」曇りで「巽」風がある。雨の時もある（「坎」の似卦）。

大熊先生のお好きなお酒

　月例会（月一度、夜の勉強会）の終了後は、いつもの居酒屋へ行くのがきまりでした。先生用のブレンド飲料が居酒屋にはないために、お世話役の先生が購入し、抱えておられました。

　それは「牛乳」です。大熊先生は、ウイスキーの牛乳割がお好きでした。

　ウイスキー通の叔父に尋ねたら、ウイスキーを牛乳で割った「カウボーイ」というカクテルがあるとのことでした。

47

たくすいこん
沢水困

かんなんしん く
艱難辛苦の時

干上がった「沢」の様から困窮を意味する「困」の字が使われています。困窮するのは金銭、愛情、健康、仕事。正義も通じず、今は「黙して語らず」。忍耐が運気上昇の鍵。

---------------------- 〈沢水困〉講義録 ----------------------

三陰三陽卦
「水沢節」の易位卦

「困」は困る、苦しみ、難（悩）み、窮するの意味で、四難卦の一つです。

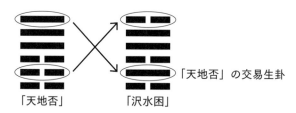

「天地否」　　　　「沢水困」　　　「天地否」の交易生卦

　外卦は「兌」で沢、内卦は「坎」で水です。沢の水が下に漏れてしまっています。沢の水は上にあれば湖という姿を保っていられますが、あるべきところにあるものが違う（あるべからざる）ところにあるのです。物が正しく配当されていないので、困るとなります。困の字は、木が囲みの中に入ってしまって、水やりができないことを示します。必要な養分を得られず苦しむ（伸びることができない）こととなります。

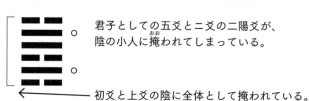

君子としての五爻と二爻の二陽爻が、
おお
陰の小人に掩われてしまっている。

初爻と上爻の陰に全体として掩われている。

正しい者や力のある者が表面に立てないという苦しみもあります。

　物があることはあってもその場所を得ていない、役に立たないという苦しみです。

運勢

運勢──何をしても思うようにいかない（上爻の時まで待つ）。

商売──材料が偏っているだろう（物が正しく配当されていない）。「兌」はお金ですから、資金不足、スタミナ不足（必要な養分がとれない）。苦しみの卦（これ以上悪くなることはない）ゆえ、時を待った方がよい。何とか耐えること。

野心、希望事──力、財力がない（欠乏）。認めてもらえない時。無理を通そうとせず、じっと時が来るのを待つより仕方がない時。

結婚──（困る）苦情があって、思うようにいかない。相手はお金、体力なし。囲みの中に入って出られないことから、結婚して家庭の中に入ったら出られない。

　恋愛しても他からは認めてもらえない。または、断りにくいため困っているという意味もある。

出産の安否──水が沢の下に溺れている、すなわち早期破水、流産、出血多量。

　お産に苦しみが伴うのは当然なので、特に凶とはいわない。子供が囲みの中に入って手も足も出ない、育たないことから未熟児。

家出人──（隠れたり、隠されたりするため）見つかりにくい。

　悪くすると「兌」

　沢の下に「坎」穴があって、そこへ入って出て来られない。

家の中で失せ物──「兌」水が下へ漏れていることから下水。へこみ、傷つくの意からポケットの穴が破れていて、そこから落ち、どこかへ行った。「坎」は穴を表わすので穴の中。

この年の気象──あるべきところに水がないので旱魃、空梅雨。あるべからざるところに水があることから大雨。とんでもないところに水が出てくるので集中豪雨。

この年困る事があるか──水飢饉。

金運──困る。「兌」お金を貯めておくところ─漏れる。「坤」道─収入の

道はない。

病気──腎臓、下の病気、下痢が止まらない。

「坎」血液の病気、脊髄の病気。

病勢──スタミナ不足、栄養不足、気力体力の衰え、衰弱に注意。病気は苦しみが伴うのが当たり前なので、特に凶とはいわない。

家を建ててよいか──「兌」お金なし。

移転──動かぬ方がよい。

旅行──ダメ、お金もないし、スタミナもない。

（困る）旅行先で盗難に遭う「坎」、お金を失くす。

事業運──新しいこと、大きなことはやってはいけない。

48

<rt>すいふうせい</rt>
水風井

根気よく励む

井戸を意味する卦です。井戸水はあふれもせず尽きることもない一定不変のもの。とはいえ汲まずにいれば水は濁ります。維持されているのは、地道な日々の努力の賜物です。

〈水風井〉講義録

三陰三陽卦
「風水渙」の易位卦

　一つ前の「沢水困」の「困」は水の涸れたこと、水が利用できないことに苦しみ、「坎」は苦しみ、難み、陥る、険しい、涙です。今まで「坎」を悪い方（危難の方）にみましたが、「井」は水を得て喜ぶ（水を日常生活に役立てることができる）ことを示します。別の角度（功徳の方）をもって「坎」の水の利用方法をみます。水の功徳とは、飲用の利です。涸渇の困から飲用の井です。「井」は、水を汲み上げる井戸の卦です。

　外卦は「坎」で、水、穴を表し、内卦は「巽」で、入る、進退する、上下すること、綱と木（つるべが伏入して往来する）を意味します。

　穴の中にある水（井戸水）を上下し、進退し、汲み上げる。すなわち、汲み上げても汲み上げても、尽きることなく、人を養う、のどの渇きをいやすのです。

「汲み上げても、汲み上げても」と繰り返す意味から、相当、心配事、骨折り事があるとみます。したがって、この卦の時は、変化を求めるとか、新しいことをするのはよくありません。同じことを繰り返してやっていくのが吉（旧を守って無事）。初めよりもあとになるほど徐々によくなります。

┌　初爻―井戸の底の方でまだ濁っている。　←
└　上爻―上へいくほど澄んで、人に用いられる。

> 内部、家庭に争いが起こりやすい。他からの援助なし。辛抱して時期を待つ

運勢——中くらい。努力が必要。骨折りや心配事多い。

事業運——繰り返しやっていくことによって、何かを汲み上げていく。部下を育てていく。小さな利益でも汲み上げ、汲み上げやっていく。

結婚——繰り返し、繰り返しで、なかなかまとまりにくい。

離婚してよいか——いけない（変化を求めるのはよくない）。初めが悪くても終わりはよい、何とか収まる。

移転——動くのはよくない。井戸そのものは動かないため。

転職——いけない（不安があっても今のことを繰り返し、繰り返し行う）。

旅行——以前行ったところへ繰り返し行くのはよい。あまり遠方はダメ。

出産——「坎」は苦しみとし不安とする、「巽」は果たさず。つまり、苦しみが繰り返される（出血が多いとか、長引くとか、陣痛）。
苦しみは一応あるが、用心すれば大丈夫（汲み上げて養う）。
初産は苦しい、経産婦は楽。

男か女か——（井）繰り返すことから、前が女の子だったら女の子。

病気——心労、気力体力停滞、風邪、特に耳の悩み。

病勢——長引く。なかなか治らない（汲み上げても尽きない）。再発する。

失せ物——水に落ちた、上にいろいろある物の底の方に隠されている。すぐには見つからないが、あとで発見されることが多い。

家出人——出ていって苦しんでいる（賓卦−沢水困）。時には水に入って命を失っているともみられる。

天気——雨に風が伴う、荒れ模様。

「剛中の徳」

「動かずして至る。汲み用いて尽きぬ。普く及んで差別を設けぬ。中途で廃しては用をなさぬ」（卦辞）とあります。汲まなくても溢れ出すことはないが、汲み上げられずに、中途でつるべがやぶれては、有用な水も役に立たなくなり、凶であるという意味。

- 二爻—剛中であるが、五爻と応じていないので、鮒を養う程度（爻辞）
- 五爻—剛健中正で、「坎」の主爻のため「剛中の徳」があり、寒泉で尽きない泉（爻辞）多くの人（民）を養える。五爻を得たら「剛中の徳」があると判断できます。

49

<ruby>沢<rt>たく</rt></ruby><ruby>火<rt>か</rt></ruby><ruby>革<rt>かく</rt></ruby>

変革の時期到来

「改革」「変革」を意味する「革」の字。この卦を得たら、「今までとは別のものに改める」ことが求められています。人生の大きな転換期ととらえ、自分や環境を大胆に変えましょう。

〈沢火革〉講義録

二陰四陽卦
「火沢睽」の易位卦

　一つ前の「水風井」を綜卦にして内反する卦です。

「革」はあらたまる、つくり<ruby>革<rt>がわ</rt></ruby>を示します。

　生の獣皮を加工する（牛革のがま口、ベルトとか）こと。今までとはまるで違った革に生まれ変わる、すなわち改まるということです。

　内卦は「離」で夏、外卦は「兌」で秋です。

　夏は草木が生い茂って青々としていますが、秋になると草木は枯れていきます。その現象の一つに紅葉があり、これは最もはっきりしていて、際立ってみえます。自然界の変化です。

　動物でも暑かったり寒かったりすると、それに合わせて毛の色が変わったり、濃くなったり、一気に状態が変わります（一新する）。これが革です。根本から改めることです。

　革は新しくなることですが、古いものの上に新しさを加えるのではなくて、古いものを取り去るのを前提とした新しさを言っています。「沢火革」は新しくなるというよりは、古きを去って新しく改まる、という意味があります。

　『雑卦伝』の見解では、革命の卦です。

　「兌」水、少女—両立し難いものが争って、そこに変化が生まれる。

「離」火、中女—火か水を干す（乾かす）か、水が火を消滅させるかのどちらか一方を革まらせる—人事の革（『象伝』の解釈）、革命。

五行に当てはめると、

┌「兌」金属　　　　　　　　　　「震」（長男）の器の中に
└「離」火　　　　　　　　　　　「乾」（父）の金をのせて従革する

火でもって金を熱していくと、炎上する。その金を溶かして新しいものに作り変えていく。

家のあとを継ぐ長男がすでに一家の中心となる年齢に成長し、これまでの父のやり方で時勢に合わなくなってきたものを変革する。理と事をわきまえ徳をもって行うので、人心も和順する。大いに共通し貞正（心が正しいさま）を得ることができる。

運勢

運勢——（古きを去る）古いこと、習慣に固執しないで全く新しいことをやっていく。

初めは行いにくく、終わりにいくほど行いやすいので、根気よくやっていくとよい。性急にやれば失敗する。大きな争いとか、変化が近く起き得るか、現に起きているとする。

何事も改まるという時、用心深く慎重に行動すべき。

異性関係でトラブルを起こしやすい時。

会社——人を入れ替える。古い人をクビにして新しい人を採用する。

方針を改めていく（ひっくり返して新しくする）。

家を直してよいか——一部修繕はよくない。新築はよい（普請の多い卦）。

望み事——方針を変えれば叶う。

結婚の吉凶——改める、新陳代謝する（よくない、凶、新しくする）。

縁遠かった人の結婚、離婚した人の再婚は吉。

失せ物——（古きがある）見つからない。（新しくする）見つけなくてもよい。

大事なもの（大金、高価なもの）なら、探す方法を新しくする（新聞広告を出すとか、探す場所を変える）。発見しても元のままではない。

家の中での失くし物の場合は、どこにあるのかを、外での失くし物は、

出るか出ないかをみる。

旅行──前に行ったところでなければよい（初めてのところ）。

交渉事──方法を全部変えなければうまくいかない（順調を得難い）。

商店の取引──新しいことを考える（外国向きのものを国内向きのものにするとか、取引先を変えるなど）。

待ち人は来るか──予定が変わり、来なくなる（方針が変わる）。

試験──（受けた場合）受からない。

（これから受ける場合）古きを去って（これまでの情報にこだわらず）、全く方針の異なる学校を選ぶ。

革は、初めは悪いが、あとの方がよくなる、チャンスが出てくる（五爻の時まで待機する）。

家出人──戻らない。

病気──「兌」肺。

「離」心臓の衰弱─生命が弱っていく、高熱。

病勢──激しく、急速で危篤に陥る。凶占。

病──改まる。すなわち望みが少なくなる。

内部の調整

　3本足で支えられた鍋で煮炊きをするイメージ。煮炊きされたものは本来の形状を変え、味も変わります。この卦を得たら、内部や内面の変革を。協力体制を取ることも大事。

------------------------------ 〈火風鼎〉講義録 ------------------------------

二陰四陽卦
「風火家人」の易位卦

「鼎」は食物を調える器、鍋です。

「離」火、「巽」薪から物を煮る器で、三本の脚で立っている形で、安定感があります。

　鼎立という語は、三つの勢力が張り合っていること。選挙の場合、三人の立候補者が立っていることをいいます。

「鼎の沸くが如し」というのは、一つの器の中で物がゴソゴソ煮立っている様で、物事が混乱して騒がしいという意味です。

「鼎の軽重を問う」という言葉は、地位の高い人の実力や権威を疑い、覆そうとすることのたとえ。人間の器や地位のいかん（人物が大きいか小さいか、立場が有利か不利か）を問い、その人の生活を表徴することになります。

　鼎は物を入れて煮る器という他に、牲を神、上帝に供えて祀る器です。その残りを大将や家来たちも食べて、いろいろと話し合ったことで親近（親密）感が湧きました。大勢（世帯が大きい）ほど、鼎（器）が大きくなります。これが軽重を問うということです。

　生のものはそのまま食べられないので、煮て、味付けして食べます。これまでうまくいかなかったものを手にかけて、人の口に合うようなものに仕上げていく。つまり、人を喜ばせ、自分も得する意味があります。

鼎—「沢火革」の変革が成就される。

（綜卦）┌革—古きを去る、改革—全部改めていく。
　　　　└鼎—新しきを取る、新出発。

　　器そのものが改まるのではなく、中身が改まる。
　　内容を煮て改める必要がある。器はそのまま。中身を新しくする。

運勢

運勢──一応三本足でどっしり立っている形で、安定している。しかし内部を新しく改めることによって発展していく気配がある。

事業運──内容方針とか人事などを改めることによって会社の器が大きくなっていく。

商売──（三本足）共同でやるのはよい。独立は無理。こちらだけでなく先方も利を得るようにするとうまくいく。目上より引き立てられて良好を得る。何事も協調性がないと挫折する。

適職──料理人（中に物を入れておいしく味付けして食べられるようにする）。

結婚──鼎は一本足でなく三本足で立つので、第三者（姑とか愛人とか）の問題が出てくる恐れあり。ゴタゴタする。

出産──鼎は腹がふくれている形のため、無事である。

人物──太っている人、妊娠している人、器の大きい（太っ腹な）人。

家出人──連れがいる。速やかに心当たりを探せば居場所が判明する。

失せ物──「離」火で、なかなかつかまえにくい。「巽」風で、見つかりにくい。

　　金目のものなら出ることがある。ひっくり返すと「沢火革」で「兌」現れるとする。

流行──真ん中がふくらんでいる形の模様がついているもの。

　　「離」赤、太陽、花とする。

　　「巽」風、波。

　　　　内容がゴチャゴチャいっぱい入っている、つまり柄が多いもの。

新築──新築より内部を修繕した方がよい。

旅行── 一人はよくない、大勢（三人以上）で行くのならよい。

　　おいしい物を食べに行くのはよい（歴史散策はよくない）。

この人はお金があるか——

「艮」の中に「乾」がある ┐ 家の中にお金がある。
（艮）家、門（乾）お金 ┘ 資産家。

病気——（おなかがふくれている形から）腸満。

　「巽」風邪、腸。

　「離」熱、目、伝染病の熱病、肺。

　「乾」頭の上の方に熱がある—脳神経系。三つ以上の症状がある。

病勢——内容を改めることから薬を変える。症状が激しく、治りにくい。

　鼎—食べ物なので、食餌療法がよい。

天気——晴れ（長くは続かない）。

驚き事が二度ある

外卦も内卦も雷を意味する「震」。驚くようなことが繰り返し起こる、雷に実体がないように「計画倒れに終わりやすい」などを暗示します。奮起を促す場合の意味も持ちます。

51
震為雷
しん　い　らい

----- 〈震為雷〉講義録 -----

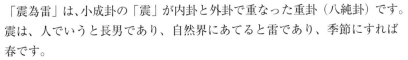

二陽四陰卦

「震為雷」は、小成卦の「震」が内卦と外卦で重なった重卦（八純卦）です。震は、人でいうと長男であり、自然界にあてると雷であり、季節にすれば春です。

奮動、決断、驚き事、発展を表します。

よい意味では、発奮して大事を遂げる、悪い意味では、争う、無理に進んでしまう、進みすぎて失敗する、となります。

。　外卦の震の主爻＝震の偽主

。　内卦の震の主爻＝「震為雷」の成卦主（P.26参照）

雷は手にとらえにくいもの、声ばかりで形がないことを表します。

運勢

運勢——滞る。驚くことが二度ある。変動が多く、実行が伴わない（驚くわりには実害がない）。

事業運——震ゆえ発展。二つの動きがあるが、初めの方が強く、二度目の方はそれほどではない。別の新しいところへ手出しをするところがある

が、よくない結果に。

交渉事——積極的に進んでも（内卦の震）、相手は向こうを向いている（外卦の震）。勢いづいて進むが、途中で挫折する。話が合わない。成立しない。

結婚——（二度繰り返す意味から）初婚にはよくない。再婚にはよい。すぐにまとまりそうな様子でいて、なかなかまとまりにくい。

失せ物——往来、動く、復る（戻る）の意味から、乗り物の中か、路上で落とした。表（騒がしいところ、音楽のあるところなど）で失くした。「声あって形なし」のことから、見つかりにくい。

病気——ヒステリー、騒いでばかりいる。不眠症を表す。足の象から脚気。「人を驚かせる」の意味からてんかん。肝臓、筋肉痛。病勢は勢い激しく、症状が変動するが、危篤に陥ることはない。ときどき驚かされるが回復する。

人物——若い人。怒りっぽい人。落ち着きがない。

待ち人——速やかに便りがある。

家出人——騒ぐほどのことはなく、間もなく戻る。

天候——晴れ、雷や地震。

試験——「雷」の意から騒ぎだけ。入らない。

重卦（八純卦）の時は互卦約象をみます。

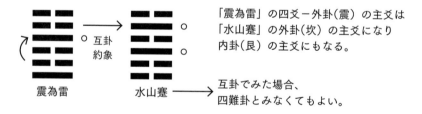

「震為雷」の四爻－外卦（震）の主爻は「水山蹇」の外卦（坎）の主爻になり内卦（艮）の主爻にもなる。

互卦でみた場合、四難卦とみなくてもよい。

「震為雷」は、家庭内や勤務先のゴタゴタがある。住居の移動や転任などもあります。

31「水山蹇」は、自分の気持ちとしては積極的に進みたいのだけれども、内輪の方に進ませにくい事情があって、思うようにいかない。進むとニッチもサッチもいかなくなることが多い。憤慨することが生じます。

「震為雷」は、神を祀るにはよいでしょう。

外卦（相手）を動かすのは、難しく、内卦（自分）自分の気持ちは動かすことはできます。

重卦（八純卦）の成卦主

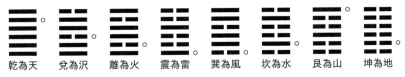

乾為天　　兌為沢　　離為火　　震為雷　　巽為風　　坎為水　　艮為山　　坤為地

大熊先生とのエピソード 14

忘年会のお楽しみは……

　年末の最大のお楽しみは忘年会でした。その中でも大熊先生に手渡しでいただく来年の年筮（来年の運勢）は、ラブレターが届くようなトキメキ気分でした。そして宴へ。

　大熊先生は中華料理がお好きでした。

　大熊先生のおすすめで「紹興酒」を飲めるようになりました。氷砂糖を入れたグラスに温かい紹興酒を注ぎ、中華料理と交互にいただく。洋食のワイン効果と同じような秘技が紹興酒にもあり、中華料理の油分や残り香を取り去り、食がすすみます。

　大熊先生がおすすめくださった紹興酒を、今でも愛飲しています。

52

ごん　い　ざん
艮為山

動かず力をつける

行く手に山が二つ。山は「止まる」の意味ですから「今は動くな」という教え。そして「止まっている間に力をつけなさい」と説きます。そうすれば山のように大きく成長します。

-------------------- 〈艮為山〉講義録 --------------------

二陽四陰卦

「艮為山」は、小成卦の「艮」が内卦と外卦で重なった重卦（八純卦）。艮は山で、山が二つ重なっています。

　方位は東北、季節は晩冬です。とどまる、静止、遅い、高い、家、門、背中を表します。

　意味合いとして、山越えてなお、もう一つの山を越えなければいけない苦労があり、思うように進めない事情があります。進むよりもとどまる方がよい。

　外に向かって進むより、内部を固める方が大事。自然に進出の機会がきます。

　同じとどまるでも3「水雷屯」39「水山蹇」は行き悩む卦。「艮」は、しだいによい方に向かっていきます。

　妨げられ、苦しめられながら仕方なくとどまって、そのうえにだんだんと悪くなるのではなく、努力すれば、「塵も積もれば山となる」のようなよさを持っていますので、コツコツと努めることにより、いい方向に向かっていきます。

　互卦約象は、「雷水解」です。無理をしないで時が来るのを待てば、や

がてその苦労がとけます。「艮」は「待てば海路の日和あり」。すなわち、とどまっていれば、しだいによくなるという意味です。二つ重ねることから「同じことを繰り返す」「とどめる」となり、「待て待て─遅い遅い」という忍耐の心境を表します。

「雷水解」 震 坎

運勢

望み事──通らない。「艮」丁寧である一方、遅滞する。

金運──コツコツ貯めていくとよい。積立貯金。

住居──門、家を二軒持てる、二階家。

移転──凶。住所や勤務に安定を得る時（とどまる時を意味）。

結婚運──遅い。背中を向けていること（内卦の「艮」）から、話はまとまらないが、すでにまとまった話は、このまま進めるべき。

試験──「艮」は門。門は開いているが背中を向けている。（遅い卦であるため）勉強から試験までの期間がないとダメ。

出産──時期が遅れる(早期の筮)、安全(臨産の筮)に障りがある。難産(一度出かかって、なかなか出てこない)。
二、三、四爻に「坎」があることから、股から出血。三か月目の流産に注意。

人物──何を行うにも遅い、ゆっくりの人。物事を丁寧にする人。山二つ重なっていることで相当苦労がある。山、変わることから、変わり者。お金を貯めることから、ケチな人。

病気──「艮」関節、腰、鼻、背中、手指、肩、便秘、打撲、腫物（ガン系統）。「坎」（三爻）股なので生殖器、生理不順、腎臓ガン、血液ガン、背骨ガン。「艮」とどまる、動けないことから身体の動きが制限される、骨折。

病勢──長引くか、慢性化しやすい。治りは遅い。

天気──曇り。「坎」雨もよう。　　**株**──高値持ち合い。

家出人──どこかにとどまっている。待てば戻ってくる。

失せ物──内にあって、発見されることが多い。

各爻みな不応

情は通じないし、協力し合うことがなく、相そむいている。それゆえに、とどまるとなります。人体では、背中を表しますが、人間の背中は一番鈍感で、動きが少ない部位。欲望をもたないという意味を持ちます。

53

風山漸
ふうざんぜん

手順を踏む

山の上の樹木が生長しています。発展の兆し。ただし、樹木の生長には時間がかかるもの。この卦では急進をいさめます。段階を踏みながら着実に進んでいきましょう。

〈風山漸〉講義録

三陰三陽卦
「天地否」の交易生卦

「漸」は進むこと。同じ進むにしても、35「火地晋」は、徐々に進みます。46「地風升」は昇り進む卦で、地中の木の芽が成長していく様です。「風山漸」は、その木から大木に育ったということで、いつとはなしに進んだのです。

内卦は「艮」で山、外卦は「巽」で、高木、山の上の大きな整った木を表します。大きくなった木の成長を考えると、これは一度に大きくなったのではなく、目に見えないほど少しずつ、しかも休むことなく伸び育って、ついに大木となったわけで、このように順を履んで、だんだんに進んでいくのが漸の進み方です。

同じ木の成長でも、46「地風升」は将来のこととして考えて昇り進む勢いを察したもの。「風山漸」は、過去のこととして、ようやく進んできた経過を省みた卦です。

また、外卦「巽」は長女で、内卦「艮」は長女が門の外に出ていくことを意味します。

46「地風升」がその進み方を人材の登用に当てたものに対し、「風山漸」は女性が嫁ぐのに当てています。

ゆっくり順（手続き）を履んで、嫁に行くという結婚の卦です。

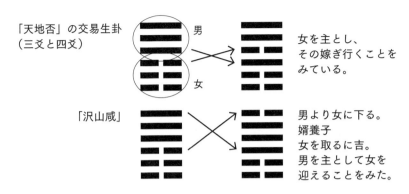

「天地否」の交易生卦
（三爻と四爻）

男

女

女を主とし、
その嫁ぎ行くことを
みている。

「沢山咸」

男より女に下る。
婿養子
女を取るに吉。
男を主として女を
迎えることをみた。

　この卦を得たら、急進したり、軽はずみなことをしてはいけません（段階を履んでいく）。休むことなく、順序を履んでゆっくり進めていくことがすべての事柄に必要です。

運勢

運勢——異性関係で道に外れることに注意すべき。交易生卦（股のところ）—深い交際をしている。塞がって通じない状態から次第に順調になる。焦らず堅実に努めると、しだいに大きな成果を得られる。

事業運——徐々に発展して大きくなる。しだいに降盛に進む。

望み事——焦らずに根気よく努力をすれば、予定より遅れるが達成する。小を積んで大に至ることから、一歩一歩踏み固めていく。

家出人——色情問題を原因とすることが多い。尋ねにくい。戻らない。

失せ物——発見しにくい。

結婚——見合いがよい。手続きを踏んでいけばまとまる。

結婚運——ゆっくり待てば、結婚運はある。良縁（結婚の卦）。

恋愛——女性の方が年上である場合が多い。すでに交渉あり。外卦「巽」が長女で、内卦「艮」が小男（若い男性）のため。

出産——安産（赤ちゃんは徐々に大きくなる）。

移転——急な移転はよくない。前々から準備しての移転はよい（方位などみる）。

金運——少しずつ積立預金をしていけば徐々によくなる。

病気——「巽」腸、腰痛。「艮」関節、腫れ物（山のため）、腸ガン、皮膚ガン、背骨のガン。「坎」腎臓ガン、血液ガン。

病勢——徐々に大きくなる（大病）悪化する。

帰魂の卦（五爻が変じると八純の卦になる）。二爻のところで危うさがある。五爻の時が危ない。「巽」が風、「艮」が重ねる意のため、風邪の再発、消化器の不調、中毒。

天気——曇り。雨もよう、風が出て晴れる。

ファッション——腰にポイント。パンタロン（ワンピースではない）。

「巽」上の方にヒラヒラとした飾りがある。ネッカチーフ、マフラーが流行る。

「艮」重ねることから重ね着ルック。

ヘアースタイル——「巽」風、波のため、大きなウェーブ。長い。

「艮」厚みのあることから後頭部にポイントのあるスタイル。

54

<ruby>雷<rt>らい</rt></ruby><ruby>沢<rt>たく</rt></ruby><ruby>帰<rt>き</rt></ruby><ruby>妹<rt>まい</rt></ruby>

正常さを欠いた行動

順を踏まない、不釣り合いなものに手を出すなどして失敗につながる時。この卦を得たら、正常さを欠いた行動を取りやすいようです。特に一時的な感情に惑わされないで。

------------------------------ 〈雷沢帰妹〉講義録 ------------------------------

三陰三陽卦
「地天泰」の交易生卦

　内卦は「兌」で秋、外卦は「震」で雷です。雷は春から夏にかけて元気に奮い動き、秋には終わっているのが普通です。ところが秋になって雷が奮い動いている形で、時期が外れていて、順序、道が違う、つまり、正常を欠いているとみます。

　三陰三陽卦─男女の関係に当てはめると、正常を欠いていることを示します。
「帰」は帰る。往復の「復」にあたり、行ったり来たりするものではありません。本来いるべきところに帰るという意味。これは、女性がとどまるべきところで、女性が嫁ぐということです。
「妹」は若い女性なので、「帰妹」はまだ完全な大人になっていない若い女性が嫁ぐ、ということは正常さを欠いていることになります。

「兌」は少女、若い女性、悦びを表し、結婚は女の悦びの一つということ。
「震」は長男、動くことを表し、若い女が男に悦びのままについていくのは正しいことではなく、秋の雷のように順序を誤っている、必ず溺れて破れを生じるとみます。

「地天泰」の交易生卦（「風山漸」は「天地否」の交易生卦）

「地天泰」　　　「雷沢帰妹」

○「震」の主爻 ┐
○「兌」の主爻 ┘位があたっていない。
交わりが正しくない。

ひそかな情欲の卦でもあり、恋愛の卦でもあります。正常でない男女関係。

この卦を得た時は、何事に対する筮でも、内に情事関係が秘められているのではないかを探ってみることが大事で、情事がまつわらなければ不正なことが行われているとみます（裏取引、お金がからんだことなど）。

『雑卦伝』の「帰妹ハ女ノ終ナリ」は、娘としての終わり、処女ではないということ。

運勢

運勢——異性問題に悩むことが起こる。欲にかられて失敗することが多い。（秋の雷）とんでもない時に騒ぐ。物事の順序が違う（くい違い）。

試験——受からない（順序が違う）。

望み事——私欲にかかわるものであるか、不正な利欲に動かされやすい。目の前の前の悦びを追うようなものが多く、後の破れをきたす。進むことを控えて無事を保つべき。

交渉事——こっちが口（兌）を向けて話しかけても、相手は（倒艮）で応じない。中途挫折の危険が多い。見合わせる方がよい（強いて進めば不利）。

金運——「兌」はお金、ムダなお金が出てしまう時。「震」開く、出ていく（生活費ではなく）。

失せ物——元のままとなる、戻ることなし。

家出人——苦労しているところを発見。

移転——動かない方がよい（安定を得難いが）。

結婚——恋愛でも、あとで破綻を生ずる、凶。

出産——「震」奪う、「兌」喜び—臨産（正常出産）の場合は安産。早期の場合は中途の破れ。「震」声—秋になって産声を上げる—遅れる。「兌」

切る―帝王切開または難産の恐れ。

病気――「兌」肺
互卦（離）熱 ⎤ 呼吸器系の熱がある病患。

「震」肝臓、ヒステリー、神経衰弱。

「兌」のど
「震」声 ⎤ 咳、喘息。

性病、精力減退。

病勢――帰魂卦（五爻が変じると八純の卦になる）。

思わぬ時に手違いがある、悪化する（病気の予定がくるう）。

（兌）喜び―目前の喜びに溺れるためにあとが悪い。長引いて危篤に。

今年の天気――気候不順。異変（暖冬など）、秋雷が多い。

株――「兌」安値から―この卦に全部入っている―上がるべきでないもの
が上がる。「雷」高値―前場やや安値、後場高値。活気が出てくる。

55

雷火豊
らいかほう

満つれば欠くる

活気の「震」と輝きの「火」の組み合わせ。見るからに豊穣さを感じさせる盛運の卦です。ただし今が頂点。運気は傾いていきます。勢いがあるうちに、物事を片づけていきましょう。

〈雷火豊〉講義録

三陰三陽卦
「地天泰」の交易生卦

「豊」は穀類が成熟した象形文字で、大きく盛んであるという意味。豊かである、盛大である。一つ前の「雷沢帰妹」は「兌」の悦びだけで動くので、行けば凶と戒めました。「雷火豊」は「離」の明るさをもって動くので、例えれば、日輪が天を回るようなものです。

内卦は「離」で、明るい、日輪を表し、外卦は「震」で、動くこと。日輪が天を回る様子はいかにも盛んであり、また大きいので、これを豊と名づけました。

```
┌「離」─夏                帰妹─「兌」秋 ┐
│                                     │秋に奮って（盛り上がる）
└「震」─雷、草木、植物果物    「震」雷  ┘
```

夏に奮っている雷は勢いが盛んで大きく元気があります。非常に豊か。
夏、草木が生い茂っている様で、盛ん、豊か、華やかです。

運勢

運勢——現在は盛大であるが、盛大さ、豊かさは長くは続かない。頂点に達している時は、すでに内部に衰退の兆しが出ている（愁いとか）。日輪が勢い盛んに東天を昇る時、その日輪が中天にかかれば今度は西に傾いていくばかりである。

「離」(稲妻)で、表面は華やかで明るく活気があるけれど、しかし、「震」(雷鳴)の内部には互卦約象(「沢風大過」)で、心配事や秘密事や悩み事の苦労が隠されているとみてよい(火の車とか)。荷が重すぎる。

(震雷離火)勢いの激しい時(暴烈)、内部の衰えをみると同時に、火事や地震などの災害にも気をつけた方がよい。火難の恐れ。

望み事──すぐ(早急)のことは叶うが、将来の(先の長い)ことは内部に衰えが出ているから難しい。

事業運──見かけは大きく立派な事業、会社だが、内部(基礎)はしっかりしていない。新規のことはしてはいけない。テレビなどの宣伝もよくない。これ以上の発展は望まずに現状を維持すること。

商売運──内容が伴わない派手な宣伝をする。しっかりしたものがないのに新製品を売りに出して、結果、それほどでもなかった。

移転──近所が騒がしい、音がする。陽が当たりすぎるために長く落ち着いていられない。内卦「離」が家の中、火の車のため。

運勢──調子づくと思わぬ失敗をする。

開店──しない方がいい。

交渉事──物が盛んであれば必ず争うことが生じるので、即決を要する。争論や訴訟などになる傾向があるので、即決困難なものは、中止にした方がよい。人にだまされやすい時。

家出人──すぐには戻らない。元気でいるが、心が死んでいる。若い人が華やかさにあこがれて、考えもなしに思い立って家出をした。

失せ物──時を経た物は発見できない。「震」声、「離」見ることから、家の中のテレビの近く、新聞や本のあるところ。

　「離」明　天変地異──雷、地震、火事。

　「震」決断──自然現象──天災。

株──高いが、高さの中に必ず陰が潜んでいる。空(から)景気で、底力のある高さではない。

離婚──しない方がいい。内容がない。慰謝料など取れないし、得るものがない。

結婚──(表面は勢いがよくて、内実が添わない)よくない。表面はよさそうでもうまくいかない。式だけ派手に行い、内では背中を向け合っている様。容色ばかりを望んで、徳で悔いている。仲人の口がうまそうな

話などに気をつける。式が終わったらお金がなかったなど。

出産――「豊」は妊娠している人の形。驚くことがある。

（互卦約象は「沢風大過」胎児が大きすぎて母胎を苦しめる、難産。

家を建ててよいか――見かけはよいが、中身はよくない。どこか欠けている。手抜きがある。

旅行へ行ったらどうなるか――にぎやかに大騒ぎしすぎる。ケンカをする。派手にお金を使いすぎる（予算オーバー）。得ることなしの結果になる。旅行はやめた方がいい。旅行先で驚き事あり。

試験――（声あって形なしのため）受からない。表面は頭がよさそうでも中身なし。

「艮」向こうを向いている、門が開いていない。派手な格好をして騒がしいだけで内容なし。

病気――「震」肝臓の熱、流行性熱病。「震」動く―心悸亢進、「離」日輪動く（つきはなれるため）高血圧、精力衰退、眼、神経の症状、必ず熱を伴う。「震」音、「離」火で救急車、消防車を示す。

病勢――急病、激しいものが多い。

天気――晴れ。夏季は雷鳴、日照り、暑い。

今年の流行――グリーン系、赤、閃光の柄、大変派手、花や葉の植物柄。

56
火山旅
（かざんりょ）

孤独を楽しみ内面磨き

さまよう旅人のイメージです。一人旅には孤独がつきもの。孤立や金銭面での苦労を暗示します。しかし、何かを学んだり感性を磨くのには最高の時。精神面で充実する卦。

------------------------------ 〈火山旅〉講義録 ------------------------------

三陰三陽卦
「天地否」の交易生卦

　37「風火家人」は、火を内にとどめている象で、火を絶やさないようにしたことから「家」の卦。それに対して、「火山旅」は、その家の中（内）の火が「艮」の門の外に出ている象で、旅の卦です。

　火は離（さ）くもの（「乾」のところに陰爻がついた）。家の門から外へ出て光り輝いていて、家の中に火がない様です。

　内卦「艮」は、山の上に火があるという象。
　火—「離」—麗（つき）離れる。とどまることなく点々と動く。これを、旅（りょ）といいます。
　「火山旅」山の上の火は、目にちらちら見えるが、手が届かない。

　「離」—火⎤内外卦に分かれているので手に取りがたい象。
　「艮」—手⎦いらだたしさがある。
　意のままに事が運ばない、求めるものが充たされない。
　火が点々と動く（次々と燃え移るように移動していく）ので不安定、落ち着きがありません。
　「雑卦伝」では旅は「親しみが寡（うす）きなり」親しみが少ない。

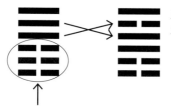

天地否の交易生卦
爻と三爻が交わった。

　内卦「坤」―家とし朋とする―その一陰が家（類、仲間）を離れ、「乾」の二陽の間についた。家を離れている。友達と離れているので、心細い、孤独の寂しさを表します。

　55「雷火豊」の綜卦は、豊―一番盛んな卦―盛運が窮まって衰えがきた（盛者必滅）一陽が西山に傾く象です。22「山火賁」の易位卦は、華やかなもの、きれいなものが、家の中から外に出てしまったということ。
「火山旅」は、寂しい、手が届かない。不安定―五爻の陽爻から位を失って、旅（火）になって山の上を越えて動いてとどまらない、家の中の火が消えたような暗さです。
　今の旅は楽しみが主ですが、昔の旅は物が乏しく、何かと不自由でした。したがって、イライラするのです。

　この卦を得た場合、宗教や学問の占には吉。寂しさに徹する心構えで勉強する、技芸を志すのはよいとみます。精進するなどは、火を内に灯さずに外に輝かせる意味からもよいとされます。
　精神的な面では吉ですが、物質的には乏しい、全般的には豊かではありません。山の上の火がフラフラしているので、思うようにいかない、目標に手に届かないとします。

運勢

運勢――衰運の時。
　（「雷火豊」の綜卦）火難、印章の間違い、書類ミス。
　色難。内卦「坤」の一陰が外卦「乾」の男性につく。
旅行、移住――旅の卦なので吉（精神的に）。
住居――苦労がある。居が不安定、親しい人と離れて寂しい思いをする。

人物──寂しい顔立ち、愛嬌もなし、旅行好き、落ち着きのない、住所不定。

願い事──通達せず、思いとどまるべき。

交渉事──孤立無援、進むのを控える。

失せ物──時を経たものは発見しにくい（手から手へ渡っている）。

結婚──相背く象でよくない。住所職業不定、内情寂寞（寂しい様子）。旅先で結ばれた縁とか、旅で拾った行きずりの恋。深入りして後に悲嘆をみる。

家出人──山の上の火でフラフラしている。転々としていて住所不定のため、見つからない。

病気──イライラ、ノイローゼ、精神不安定。

（点々と移っていくことから）伝染病、とびひ。感染する皮膚病。

「艮」関節の熱、重ねることから悪化する。「離」目、心臓の不安定、不整脈。重病の場合、あの世に旅立つとする。

病勢──落ち着かなくてだんだん悪化していく。

天気──晴れたり曇ったり（天気が落ち着かない時）

57

そん　　い　　ふう

巽為風

風の流れを察知して

外卦も内卦も風（「巽」）。風は柔軟
性や情報を意味し、誰とでも和やかに
交流でき、情報も収集しやすいでしょ
う。ただし人や情報に振り回されたり、
迷いが出たりするので用心。

〈巽為風〉講義録

二陰四陽卦

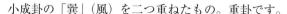

小成卦の「巽」（風）を二つ重ねたもの。重卦です。

「巽」（風）は伏入、不安定、動揺、迷いを表します。一陰が二陽の下にあっ
て、身体を低くして物に従う意味があり、従順とします。

風は形がとらえにくいもの。物に触れて物を動かしたり、ぶつかったり
して初めて風があるとわかります。隅でも底でも、すき間さえあれば、下
の方へ入り込んでいきます。

運勢

運勢——迷いが二度ある。人の出入りが多い。決断力がつかない。儲け話
　　がある。縁談がある。悪い方の占意……いいこと悪いことで動揺しやす
　　い時、身辺の異動。

　　「巽」交際、うわさ—うわさ話や社交面での動揺。

　　よい方の占意……「市すれば三倍する」商売をすると利益がある。

「巽」の利益——一陰爻の風がどんどん伏入していき、陽を変化させていく。
風が吹きゆくように思うことが通じる。二倍、三倍というように、利益が
出てくる。「小シク亨ル」。

小成卦

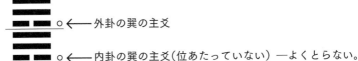

○ ←──── 外卦の巽の主爻

○ ←──── 内卦の巽の主爻（位あたっていない）─よくとらない。

内卦、外卦、同じものは見にくい。巽だけ、そういう時に互卦約象をみる。

「巽為風」　　　　　「火沢睽」　　　　　　　　「震為雷」

望み事──小さいことは思ったよりも早く通じる（風のように）。一生の
ことなど大きいことは、風のように行きつ戻りつしてなかなか通じな
かったり、結論が出ない、埒が明かない。

会社──「巽」命令─命令する人が二人いる。風の如く行きつ戻りつ─社
員が不安定。

事業──大規模や新規のものはよくない。

交渉事──早くまとまれば有利、長引くと難しくなる。

結婚──（風のように動く）迷っている─決断がつかない。

「巽」──斉う（ととのう）
　　　　　　　迷う　　　　　　　どちらをとるか。

初めはよくないが、再縁、再婚ならよい。

性格──決断力がない、迷いが多い、素直、優しい（風）、人をまとめる
こともできる。

病気──風邪。腸に気をつける。（「巽」二つなので）風邪、流行性感冒。
（風のように動くことから）中風、舞踏病、パーキンソン病。
（におい）ワキガ、皮膚病、腸炎。

病勢──一進一退。潜伏していたものが発病。容易に快癒し難い。

近所づき合い──人の出入りとうわさ話に気をつける。

交渉事──相手の倒兌でこっちを向いている。こちらは迷っている。
なかなかまとまりがつかない。

商売運──遠方の取引がある。二度ある。

58

兌為沢
<small>だいたく</small>

口車に乗らない

少女を意味する「兌」が二つ。何を見ても笑みがこぼれ、会話が弾み、美食にも恵まれる楽しい時。ただし少女だけに詰めが甘く、楽観視による失敗が目立ちます。失言にも注意。

--- 〈兌為沢〉講義録 ---

二陰四陽卦

　兌の小成卦。一陰が二陽の上にある、つまり陰の力弱い者が、陽の力強い者に持ち上げられていることを表します。弱い者が下から強い者に支えられています。力強く、安心でき、悦びとなります。悦びがあれば、すぐ表面に現れます。重卦の1つ。

　　「兌」は、口に見れる。
　　「兌」は少女—少女が二人並んでいる象。
　　　　　　欠損（一陽爻不足）

　口をもって悦ばしめることは嘘を意味します。巧言令色に陥りやすい状態。人の口車に乗らないこと。舌が多いことから、口やかましい、争論を生じやすい、不平不満が多いとなります。女性が二人ということから、異性問題の間違いを起こしやすいことも示します。

運勢

交渉事——内卦の「兌」で話しかけても、外卦の「兌」は向こうを向いている。誠意なし、まとまらない。
　何かをしようとしても力不足である（陽爻欠けている）。

互卦約象「風火家人」—家の人を通じて交渉する。

☴	☲	☱
巽—女性	離—女性	兌—女性
（長女）	（中女）	（少女）

金運——だまされないように。

失せ物——すぐには発見されず、現れても破損している。

病気——「兌」は口—口腔疾患、呼吸器系の病気。
　悦び—毀折—性病（三爻—〈股〉—陰爻）。

病勢——「兌」は沢—止まって動かない水
　　　　　　　骨が折れる ）難症が多い。

天気——雨。

大熊先生とのエピソード 15

霊力の強い方々

　茅楊会の年1回行われる吉方位（その年、気学上において）へ1泊バスの旅は、教室での緊張感から解放され、笑い声が絶えない2日間でした。奥飛騨温泉で1泊、翌日から上高地を回って諏訪大社で正式参拝コースは、天気にも恵まれ、中身の濃い流れだったと記憶しています。

　ハイライトは、諏訪大社での正式参拝です。大熊先生が最前列の中央に正座され一同が後に続きました。祈祷が終了して帰路に着こうとした時、諏訪大社の宮司さまが「霊力の強い方がたくさんおられますね！」と驚いたご様子で言われました。易は占術の中で卜術に分類されます。知識と精神の鍛錬を積まれた大熊先生をはじめとした先生方と交流できる幸せを感じた旅でした。

59

ふうすいかん
風水渙

辛苦からの解放

内卦の水が意味するのは苦難。外卦の風が悩みを吹き散らし、運勢が大きく好転するときです。ただし、現在が安定しているならそれも吹き散らします。今の状況で判断が変わります。

------------------------------ 〈風水渙〉講義録 ------------------------------

三陰三陽卦
「天地否」の交易生卦

「渙」は散らす、渙散（勢いよく散っていくこと）、渙発（詔勅を広く天下に発布すること）、喚くという意味。流散（大きな水源から細流となって分散すること）を示します。

　内卦は「坎」で、冬、水、寒い、冷たいことを表し、外卦は「巽」で、晩春、暖風を表します。暖かい風は、氷や寒さを吹き散らします。

「坎」は流れる水
「巽」は風 ）水が流れているところに風が吹いてきて水を散らす。
「坎」憂い、難み、心配事で、それを風が吹き散らします。

　似た卦の40「雷水解」は、内卦「坎」が現実的、または肉体的な苦しみで、外卦「震」が春暖、鼓動を表します。これに対し、「風水渙」は渙散する人心を萃めます。萃めるとは、人や物などが一つにまとめることです。他動的な「集まる」という意味の45「沢地萃」とは対照的な卦です。

　苦労のある時は、難（悩）みが解け、困難から脱出でき、解放されます。
　これから始める場合は、目標が吹き散ってしまうからよくないとされます。
吉凶とも、「吹き散らす」というのがポイントです。

運勢

運勢──これまで苦労に苦労を重ねた人は、その苦労がなくなる。チャンスが来る、辛苦から解放され、明るい前途が開けてくる。今まで順調な人は、その平安に慣れて油断する。緊張がなくなる、信用がなくなる。対人面が、つき離れて出てくる（頼りに思う人が離れたりする）。

「坎」心
「巽」暖かい風　　吹き散らす→失くし物をするとか、職場を追われる。
　　　　　　　　　　　　　事故で身体の一部を失うなど。

外からの援助を受けられることが多い。

交渉事──　一陰が仲間を離れて（「坤」─大衆）、相手方につき、風のように去り、様子を探る（産業スパイとか）。

三陰三陽卦（すべて 11「地天泰」12「天地否」の交易生卦）

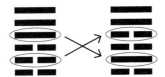

「天地否」の交易生卦
「巽」─伏入

内部には外から入ってきて
坎苦（「坎」の苦しみ）をつくる者がいる。

飛込み生卦─一陽五陰卦（一陽爻が飛び込んできた）
　　　　　　一陰五陽卦（一陰爻が飛び込んできた）

失せ物──風に飛ばされてどこかへ行った、分散した。「巽」整えるの意から、掃除をした時、片づけた時に見つかる。古い失くし物は偶然に見つかる。

結婚──これからの場合は散ってしまう。今まで難（悩）んできた人は（「天地否」から来た）難みが散る（結婚生活に入る機運）

出産の安否──臨産（正常出産）近くの筮では安産（難みを散らす）。
　　妊娠早期の筮では難（流産の危険）。

病気──「巽」腸、股のため、性的疾病、痔病。
　　「坎」血液、腎臓、食中毒。

病勢──軽症の場合はしだいに回復する。重篤の場合は凶（必死の占）。

天気──風雨。今まで雨が降って困っていた場合は、難みを散らす。暖かいか寒いかは、暖かい春の風が吹いて雨を散らす。

<table>
<tr><td>60</td><td>節度を守る</td></tr>
</table>

60

水沢節

すいたくせつ

節度を守る

節度や節制を意味する「節」の字。
この卦を得たら、何かに捉われすぎて
いないか、ルーズになっていないか自
分を振り返ってみること。何事も節度
が大事と教えています。

〈水沢節〉講義録

三陰三陽卦
「地天泰」の交易生卦

「節」は竹の節。竹は、節があるからたわみながらも、なかなか折れない
もの。節は勝手にできてくるのではなく、きちっきちっと順に出てきます。
このことから、節度を守ることを表し、一度に行動してはいけない、区切
りをつけて行動するように、とみます。一つ一つ区切りをつけてやってい
けば、相当の苦労に耐えていけるということです。

　竹の節は、ほとんど決まった間隔で整然としていることから、「調節」
を示します。
　また、「節」は、出ずることを制する、止まる、節にとどまることから、
節約、倹約、節操、貞操、節制も表します。
　内卦は「兌」で沢、外卦は「坎」で水です。沢の上に水があって、沢は
水が多ければあふれるし、不足すれば枯渇してしまいます。湖としてきち
んとした美しい形なのは、調節がとれて、節度が保たれているゆえです。

<table>
<tr>
<td>「兌」は悦び―止水
「坎」は苦しみ、難み</td>
<td>）</td>
<td>険の苦難の中に悦びをもってとどまる。
（節操を持して心を外に動かさぬ象。相
応という限界を守って、とどまれという
卦。節度をよく守れば、亨通（順調にい
くこと）を得られます。</td>
</tr>
</table>

「地天泰」の交易生卦

陽、剛が中を得ている—過ぎることがない—節を守る。

苦節—節も過ぎて極まれば苦しむ。
　　　　　　固く守るべきことではない。

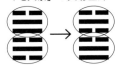

47「沢水困」は、沢の中の水が涸れて苦しんだ。
節は、下に漏れ出た水が蓄えられている。

卦の来往　～卦の成立ち

　この卦は、どこから来てどこへ行くのか、見方がいろいろあり、易の問題によって使い分け、応用を利かせます。どんなことが原因になったか、どんな結果となるかをみます。

運勢

運勢——節度を守る、控えめにやっていくこと。程よさが守りにくく、溺れたり迷ったりすることの多い時。

　対処法は、程よいところに止まって、分外のことには手出し口出しをせず。みだりに動かず、また固執しない。

日常生活——一つ一つ区切りをつけて片づけていくこと。

事業——すぐに発展する見込みはない。

交渉事——節度が守れない、渋滞して通じない。欲にとらわれて自分の掘った穴へ落ち込む。

望み事——一つ一つ節（区切り）があることから、制約される。スムーズにはいかない。大きな望み事はなかなか達しない。

金運——節約しなさい。

お酒——節度を保ちながら飲みなさい。

結婚——節操を守り、区切りをつけてやっていくのならよい。ただし節約しなければやっていけない生活とみる。

出産——食べ物や夫婦生活の調節を保つ、節度を守る。

　「兌」セックス、夫婦生活なので、産期は遅れる（区切りをつけて生まれる）。

家出人——節度を知らないで出ていった。家を出て「坎」主爻になった。「坎」苦労している。戻れない。（「坤」に包まれて）田舎の母、祖母などのところに隠れている。

移転——思いとどまる方がよい。

失せ物——すぐに見つからない。

病気——（兌）口 ┐
　　　　（坎）水 ┘ 嘔吐を伴う—腔、肺、関節の痛み。

病勢——坎苦の中にとどまって痼疾化している—長引く。しだいに衰弱していく。

天気——長雨。

心と心のおつき合い「風沢中孚」

　仕事で交流が始まった社長とは？

　得卦「風沢中孚」九二（二爻）、あまり利益に繋がらなくても、私心のない心と心のつき合いができる間柄に……。

　数年後、仕事の繋がりが深まっていきました。「風沢中孚」のごとく、淡水の交わりながらも続いている信頼関係でした。

　次に進展する仕事があり、得卦「風沢中孚」（九二）は、またもや同卦、同爻——これは、384分の1（64卦×6爻＝384）の確率。

　大熊先生のお言葉は「その方との関係を大切にしなさい」であったと記憶しております。

　そして、今も粛々と続いています。現在、会社も大きくなりましたが、社長は変わらず腰が低く、社員は優れた心映えの方ばかり。

　私にとってこの会社との関わりは、まさに『中孚』、密かな安らぎとなっています。

61

風沢中孚
（ふうたくちゅうふ）

誠意で応える（こた）

三爻と四爻の陰が空洞のように見えます。空洞が「何もない」＝「邪心がない」「誠実」などの解釈を生みます。ただし何もないので実利がない、見かけ倒しと判断することも。

------------------------ 〈風沢中孚〉講義録 ------------------------

二陰四陽卦
大離卦

外卦―「巽」
内卦―「兌」

大離（離の大卦）の卦です。

「大離」の象

　表面は華やかで騒々しく見えますが、内実は伴わないということです。上下共に二陽をもって外面を覆うところから、中孚とは反対に、内心に思っていることを隠していることもあるとします。

「中孚」は、中が陰の虚になっている象（中虚）。中が虚であるということは、私心（邪心）がないということ（＝重要）。

「孚」は、信（まこと）です。爪と子を合わせてできた文字で、親鳥が卵やひな鳥を抱いている意。親鳥が卵を温めるのは、誰に教えられ、誰に強いられたわけではありません。子供を大きくして、その子に世話になろうなどの欲があってするのでもありません。そうしなくてはならない自然のまこと、邪心のないまことがあって、それで子供を抱いています。

　孚にさんずいをつければ、浮となります。そのようなまことがあれば（中心に邪心が全くない状態なら）水にも浮かぶのです。

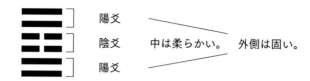

陽爻	
陰爻	中は柔らかい。　外側は固い。
陽爻	

　人にあてはめて考えると、人のまことは言葉の上に表れるもので、言葉は必ずまことあるものでなければいけないとなります。人と言葉とを合わせて、信という字を作ったのです。

　内卦は「兌」で口を表し、外卦は「巽」（倒兌）で、こちらを向いている口を表します。口と口とが互いに向き合っている、つまり、口論しているか、キスの卦です。口論（争い）かキス（仲よくすること）のどちらをとるかは、占的や指した爻によります。

　また、内卦「兌」は倒巽で、外卦「巽」は木ですから、巽の木の真ん中をくり抜き、へこんだ形（中虚）です。船の象とみます。

運勢

運勢——全体的には吉（兌の口が向かい合っている。彼・我が親和するため）。
　　異性関係で問題を起こしやすい。和と真心をもってやっていけばよい。
事業運——時流に合った状態。嘘をついたり、痛いところを隠したりせず
　　誠信をもって行えば、すなわち、真実をもって交われば、好調を得る。
　　人の和を大切にする（大離）＝書類面をしっかりしておく。
相談事——よい。
恋愛運——ある。
結婚——だいたい吉だが、書類などは調べてみる必要あり。
妊娠するか——情熱が激しすぎて子宝に恵まれない。女性（三爻）のとこ
　　ろをみる—陽の位に陰でいる。中虚—なし。
生まれてくる子——女。
待ち人——来る（彼・我が向かい合う）。
家出人——愛情問題で家出したとみる。すでに愛の巣を築いているとみる。
　　昔は情死の象とみた—錯卦（裏卦）—大坎の卦。

試験——門、少し開いている（三、四、五爻－艮）。大離－積極的にそちらの方に進んでいく。試験は受かるかの占的の場合、外卦を主体にみる。外卦が「艮」が一番よい。

移転したが、どんなところか——大離で明るいが、陽の当たりが激しすぎるとか、ラブホテルがある。

（火天）大有－大いに有（保つ）。
大いなるものを有つ。

離
五爻陽の位に陰
乾

火天大有

病気——（大離）心臓、高熱、眼、便秘、血圧
赤い斑点のできる病気。頭の病気、のぼせ。

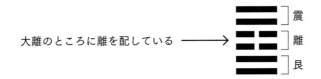

大離のところに離を配している ⟶

震
離
艮

病勢——「離」激しい。急病、急変して熱が出る。
失せ物——見つかる、また、失くしたのではなく、置き忘れた意味もある。
天気——風があって曇る。（大離から）酷暑または長日照。
株——「離」高い。

離
豊

62

らいざんしょうか
雷山小過

一歩控える

陰陽が同数ならバランス良好ですが、この卦は陰が一つ多いので「少し超過」。卦の姿は困難の象徴「坎」に似ています。これらから「少し度を越した行動が災いを招く」と解釈。

-------------------- 〈雷山小過〉講義録 --------------------

二陽四陰卦
「風沢中孚」の錯卦

「風沢中孚」の錯卦（裏卦）。61「風沢中孚」は大離の象「離」で雉とし、それを飛鳥の象「坎」、隠伏するとします。

「雷山小過」は、大離の形が隠されてしまって飛鳥の姿がもう見えないのです。

「飛鳥之ガ昔ヲ遺ス」鳥の姿は裏に隠されて見えないが、バタバタと羽音を残し、羽音だけ聞こえる状況です。

飛鳥の象 —— 羽
　　　 —— 胴体

 「沢風大過」
大なるものが過ぎる

「小過」とは、小なるものが過ぎる、少し過ぎることです。
　二陽四陰卦で、陰が過ぎている（三陰三陽卦は過ぎていない）。

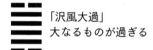

 大坎の象（坎）

「坎」は、下の方へ下がる性質。下るのは小過の意味に柔順であり、上へと進むのは、それに逆らうことになります。度を越した進み方はいけない

という判断ができます。

　内卦は「艮」で山、山の上に雷が鳴り響いている象で、外卦は「震」で雷、山の上の雷はゴロゴロ音がするだけで大したことはない様です。対人面に当てはめると背中合わせとなります。

┌　内卦「艮」背中　「艮」—止まる（中孚の裏卦）
└　外卦「震」（倒艮）—背中（倒艮）—拒む、彼・我の疎通を欠く。

　また、「中孚」は外剛内柔で、卵の象です。一方、「小過」は外柔内剛で、鳥が巣立って飛び去る象です。これまで目をかけた者が離れていくともみます。

運勢

運勢——（大坎）下がる。積極的にやってはいけない。小さいことなら少し過ぎてもいいが、大きな変化を求めてはいけない時。

交渉事——（背中合わせ）うまくいかない。「艮」は背中、身体、ベッド、布団を積み重ねたもの。

失せ物——（内卦）「艮」家—家の外へ物が出ていっている。

　（大坎の裏が「離」なので）、本来なら「離」（あきらかになる）が「坎」のために見えない（はっきりわからない）。「坎」泥棒が隠した。

家出人——帰らない、「艮」身体が向こうを向いている。

　（大坎）外へ出ていって困っている。なかなか帰るに帰れない象。

　（山の上の雷）大きなことを言って怒って出ていったが、（大坎）苦しみ、貧乏、病気で困っている。

家庭運——うまくいかない。一緒に寝ていない。

結婚——うまくいかない。夫婦和合を欠く。時期を失した。

出産——「艮」身体—身二つになる—子供は無事生まれる。

　（大坎）出血が少し多いとか、母体が不健康。生まれてくる子が大きすぎる、予定日より遅れる。

病気——（大坎）腎臓病、脊髄。

　（山の上の雷で、すぐ騒ぐ）神経過敏。

　（内卦—「艮」腫れ物、腎臓がん、すい臓がん、血液のがん。

病勢——軽い時は騒いでいるだけで大したことがない。重い時は、病根が

213

深く、浸みすぎて手遅れ。

移転――延期する（大坎）、下がる性質から引っ越しても小さすぎる。移転するのは進むことなので、動くのはいけない。

試験――受からない、門が向こうを向いている。

旅行――病難、盗難にあう恐れあり。出ない方がよい。

天気――曇り。夏は雷鳴、長雨または大雨になる。

易占の鮮やかな威力

　ある転職についてのことです。男性Aさん35歳、東大卒、留学経験もあり、一流銀行へお勤めのエリート。2つの企業からヘッドハンティングの誘いを受けました。アメリカの銀行と日本の商社で、両社共に年収は、現在の倍額という待遇。「どちらへ転職すればよいか？」の鑑定依頼です。気学、手相、人相共によい運気で時期もOKでした。次にカードリーディング、双方とも、それなりによい会社です！　ここで易占の出番になりました。

　アメリカの銀行「火天大有」九二（二爻）、日本の商社「地火明夷」初九（初爻）。太陽の下、正々堂々と歩める会社と太陽が地の下にある会社。明解すぎて目が開かれる思いでした。日本の会社からは、逃れ去るべきタイミング。Aさんに分かりやすくお伝えすると、彼も「アメリカの銀行へ就職し、アメリカ移住することが永年の夢である」と楽しそうに話してくださいました。

　大きな決断である転職、新しい人生の扉を開くアドバイスができた、この得卦（占って得た卦と爻）は、ミラクルで忘れられない易占です。大熊先生にわずかながらおほめの言葉をいただき、さらに心に刻まれる易占になりました。数年後にAさんからハガキが届き、サンフランシスコに住み、銀行の支店長としてお仕事されているそうです。

63

水火既済
（すい　か　き　せい）

すでに整う

外卦と内卦の気は見事に交流し、6つの爻の陰陽はあるべき場所に収まっています。卦の姿は隙がなく完璧。しかし、今が頂点であとは崩れるのみ。現状を維持する努力が必要。

---------- 〈水火既済〉講義録 ----------

三陰三陽卦
「地天泰」の交易生卦

　内卦は「離」で火、外卦は「坎」で水です。下降する「坎」（水）の気が上（外卦）に、上昇する「離」（火）の気が下（内卦）にある卦です。下降する気を上昇する気が相交わって事を済（ととの）えるべきとなります。

　爻をもっていうと、全卦六爻みな陰陽の位が正しく、しかも応爻・比爻も正しくあります。

　　　比爻―陰陽が隣り合わせている。
　　　陰爻を主にしてみる。

　　　乗る―陰爻が陽爻の上に乗っている。
　　　承（う）ける―陰爻が陽爻を承けている。

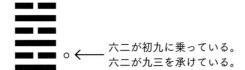

　　　　　　　　　○←　六二が初九に乗っている。
　　　　　　　　　　　　六二が九三を承けている。

　六十四卦の中で全部位が正しく応爻があって、比しているのはこの「水火既済」だけです。

　「既済」はすでに済（ととの）う、ことごとく済う、すでに済ったの意味で、これ以

上済えることができない状態です。

　既済の内卦を既済中の既済、外卦を既済の未済に移る傾向があるとみています。

　　泰の⎡内卦を泰中の泰
　　　　⎣外卦を泰中の否とする　　　泰中の半ばに乱れあり（三爻あたり）。

　初めは吉で、終わりは乱れるのは、11「地天泰」と同じ。「地天泰」の交易生卦なので、初めはよいが終わりはだんだん乱れてくるのです。

　日常の小さなことには吉ですが、大きなことはよくないとみます。初めの好調に永続性がないので、深追いしてはいけません。

　六十四卦中、唯一の六爻の正位を得ている卦で、これ以上済えることができないという頂点です。これをどう保っていくかが難しい卦です。保存するのに骨が折れ、動けば乱れる、あまり無理しても疲れるためです。

　中筮の場合、本卦にこれを得て他の卦に変ずるよりも、之卦としてこの卦に変じてととのった方がよい（吉）ことを示します。「水火既済」になれば、迷っていたことが済みます。

運勢

運勢——初めは吉。好調の中にも小さなつまずきや破れに注意した方がよい。そのととのっていることを長く保つよう心がけなければいけない時。

転業——今の状態で、もう少し辛抱した方がよい。拡張、改革しても先行き発展の見込みがない。

交渉事——初めは順調にいって、後に失敗する。

結婚——（陰陽の位がととのっているため）これから結婚するのに、すでにととのっているとはおかしい。当人同士、すでに関係があることもある。初めはよくても、後に乱れる。

人物——（ととのっている）きちんとしている人、礼儀正しい人。外卦「坎」で、外見は冷たいが、内卦「離」が、「内面的には情熱をもっている人」を意味します。

試験——受からない。すでにととのっていて、入れない。

出産——だいたい無事。産後の肥立ちはよくない。

家出人は生きているのか——出ていってすぐの場合は、よい生活はしてい

ないが一応ととのっている（落ち着いている）。帰ってくる意志はない。
時間がたっている場合は、乱れている、危ない点がある。

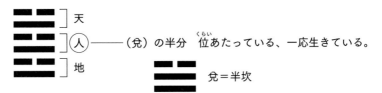

三才に分けてみる → 爻をさすと分けやすい。

家を建てていいか──修繕や改築はよいが、新築はよくない。

失せ物──（家の中での場合）どこにあるかは、「坎」水、「離」火のため、水と火を使うところ（水が上、火が下）、台所、浴室、洗面所。ただ、浴室や洗面所へ置くはずのない物には当てはまらない。「ととのっているところ」の意から、タンスの引き出しなど整理整頓してあるところ、法律関係の本のあるところ。

いつものところにある、動いていない。今まであったところをもう一度探す。

失くした状態を聞くとよい。元のところにある可能性が大きい。

病気──「坎」肋膜炎の熱、心臓、腎臓、目、耳。

「坎」悩み苦しむの意から、病気の占では「坎」を比較的重くみる。

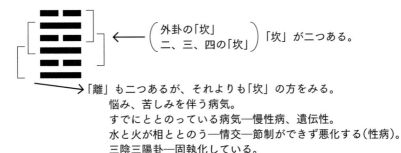

病勢──軽く見えても治りにくい。難病不治のものが多い、重態の場合は必至の占。

天気──半晴半雨。長雨の時は晴れる。晴天続きの時には降るとみる。

217

64

火水未済
<small>（か　すい　び　せい）</small>

新しい出発

外卦と内卦の気は交わらず、6つの爻の陰陽はあるべき場所から外れています。卦の姿は「いまだ戸済わず」。「初めは苦労が多くても努力でよくなっていく」と希望があります。

---- 〈火水未済〉講義録 ----

三陰三陽卦
「天地否」の交易生卦

「既済」は既に済うことで、「未済」は未だ済わずということ。

内卦は「坎」で水、外卦は「離」火で、水と火が交わらない象。すなわち、用をなさないことを表します。

燃え上がる「離」の火が外卦（上）にあり、下降する「坎」の水が内卦（下）にあります。炎上の火の気と、下降の水の気とが交わらないので、その用を済えることができません。不和、背き離れることを示します。

爻をみると六爻がみな、位がはずれています（失っている）。

陽の爻も陰の爻も共に位を失っているので、不正です。陽が位を失い、陰が位を侵したという見方をするのは、主卦の主爻である五爻に陰がいる（大事なところに女性がいる）からで、したがって、『雑卦伝』の表現で、「火水未済」は「男の窮まるなり」、54「雷沢帰妹」は「女の終わりなり」なのです。

12「天地否」の交易生卦—否の閉塞を通じさせようとした動きの第一歩です。

二爻と五爻—柔中を得て尊位の陽の位におり、二爻の剛と応爻。

位があたらなくても陰陽みな応じ、比爻の関係にあります。

218　火水未済

　63「水火既済」は、内卦（初め）の方は整っていて、外卦へきて乱れる
のに対し、「火水未済」は、初めのうちは「坎」の悩みですべてのものは
整わないが、外卦の方へいくと整いかける、整う兆し、勢いが生じてきます。

┌ 既済―本卦より之卦に得る方がよい。
└ 未済―之卦より本卦に得て、他の吉卦に変ずる方がよい。

運勢

運勢──初めは悪いがしだいによくなってくる気配がある。焦ったり怠け
　　たりせず、後日を期して堅実に根気よく努力を。

対人面──整わない。整わせるのは相当骨が折れる。ある程度、辛抱と時
　　間をかける必要あり。

内卦「坎」、外卦「離」に分けて、向待法でみる。

┌ 内卦（我）―「坎」―今、苦しい立場にいる。
└ 外卦（相手）―「離」―見る、こちらを見ている、妥協を望んでいる。

┌ 位ははずれているが ┐　粘り強くやれば、相手が折れてくれる。
└ 応爻　比爻である　 ┘　困難を打開できる、途中でやめてはいけない。

結婚──整わせるには辛抱は必要。陰陽応比しているが、みな立場が違っ
　　て、難しい。身分、教養の違いが整いにくい原因の一つになる。お互い
　　の条件や環境が違いすぎて、時間をかけるのが難しい。

　内卦「坎」で、お互いの実家が火と水だが、外卦は「離」（火）で（応
爻）、本人同士は合うのです。「水火既済」は、陰陽の気が合う、早い決
断の時は無理という象でした。

出産──（位がはずれているので）正しい結婚以外の出産。（安否は）臨
　　月までもてば安産。未済から、未熟児。

試験──勉強する時間のある場合は、門を開かせることはできる。

家出人──（生死として）未だ済わず―生きている。
　　（三陰三陽卦）男女問題→身分違いの異性、対人面、家庭の中がうまく
　　いかないなどが原因。（男性の家出人）困窮している、人（女性）に迎

えられて納まっている。「坎」水に溺れたり、情に溺れたりしている。（未済）未成年者の家出。（いつ見つかるか）外卦をみる。

移転——思うように事が運ばない、すぐには行く先が見つからない。

事業運——まだ内容が十分に整っていない。できたてのホヤホヤの会社。会社が古い場合は、届けをきちんとしていないなど。社内の対人面がうまくいっていない。社長が弱い（一つ一つは応爻だが、内外卦うまく意見が合わない）。

開業——しばらく時期を見る。

失せ物——思い違いをしている。置き場所を間違えている。
外で失くした場合は、外卦「離」—警察—早く警察に届けた方がよい。家の中で失くした場合は、五爻の時でないと見つかりにくい。

「坎」水 ⎤
「離」火 ⎦ 火と水　交わらないので、物を煮炊きする場所ではない。上に火があり、下に水がある。台所や浴室ではない。
　　　　　「坎」を下の水ではなく、穴とみる。「坎」を水にとらない。
まだ整っていないので、こしらえかけのもの。台所でもまだ煮炊きしていないもの。

「坎」冷たい ⎤　　冷蔵庫　冷たいところ ⎤　使っていないこたつの中。
「離」電気 ⎦　　　　　　　暗いところ　 ⎦
「離」花—下に水があるので花の周り？

病気——腎臓、女性の場合は冷え、発育不全。脊髄、腰（両方の坎にはさまっている）。「坎」二つ—内卦の坎と、三・四・五爻の坎。「坎」穴—痔、肛門、膀胱。脱臼（整わない）、足の不具合。知恵熱（「坎」—工夫、熱、たくらみ）。

病勢——「坎」難み（なや）⎤　潜伏している。
　　　　「離」熱　　　 ⎦　頑固で治りにくい、慢性化する。

この人に合う洋服——あまり整わない。色は赤と黒。縞模様（整わない縞）、斜めのストライプ。水玉、格子。63「水火既済」の場合は整った横縞。

著者紹介

二見眞有
ふたみ まゆ

　東京生まれ。寺に生まれて"閃き"のある母に育てられたため、不思議なことを普通に受け入れながら育つ。「易の神様」と言われた日本占術協会創始者、故大熊茅楊先生の元で、周易、九星気学、人相学、手相学、家相学、姓名判断等の占術を習得。母から耳相学を伝授。プロとして占い館、イベントで多くの人数を鑑定。その後、フラ、ウクレレを学び指導し、ハワイ文化、歴史や神話に強く惹かれていく。ハワイを占術に結びつけて『プエオハナカード』を制作する。他にヨーガ、フラも指導中。現在は、周易、九星気学、プエオハナカード、日本の神様カード、手相などをカルチャーセンターで教え、出張、オンラインで講座を開催、指導している。

一般社団法人 日本占術協会理事 認定占術士 133 号 茅楊同人会
日本メンタルヘルス協会 公認心理カウンセラー
日本の神様カード 公式インストラクター
PueoHana 主宰 ヒーリング・カフナ
伊勢神宮内宮権禰宜ひ孫 伊勢猿田彦子孫

監修者紹介

福田有宵
ふくだ ゆうしょう

　東京生まれ。人生の本質を知るため、社寺霊場に出かけたり、先覚者を尋ねた青年時代に、易経と出会い座右の書となりました。「昭和の易聖」といわれた加藤大岳師直門の、大熊茅楊師に学ぶ。現在、大岳易を承継する岳易館を基礎にして、各教室で学習指導を行い、次代を背負う門人を育成中。主たる占術の周易、観相、その他を中心に各占法を研究して四十余年、日々秘法を究めるため研鑽した技法を、今後に伝えていきたいと心掛けている。著書多数。

大熊茅楊 <small>おおくま　ちよう</small>

　東京生まれ。「昭和の易聖」と呼ばれる加藤大岳に師事し、易について学ぶ。数々の占例を重ね、加藤大岳高弟の四天王の一人に数えられる。易をはじめ占い全般にわたって、日本の占術界のリーダーとなる。新聞、雑誌などマスコミでも活躍するとともに、後進の指導にあたった。1961（昭和36）年から18年間、日本易学協会の機関誌「易学研究」に寄稿。後に出版。他に類をみない占例集となっている。1973（昭和48）年、日本占術協会創設に携わり、副会長を務める。日本作家クラブ理事就任。岳易館大熊茅楊教室主宰・茅楊会会長就任。1994（平成6）年、6月5日逝去。

　著書に『春夏秋冬 易学占例集』（東洋書院）『ズバリ！ 病気は手でわかる』（東洋書院）ほか多数。

大熊茅楊先生

教室の風景

六十四卦は"人生の縮図"

福田有宵

　講義録ノートから一冊の本に生まれ変わるのは少なく、貴重なものです。何年も時間をかけ学習した力作であり、習得するための順序が配列してあるのが特長で、初心者でもこのコースで進めてくださると上達するでしょう。

　易占いは運勢、恋愛、結婚、仕事、金運、健康運などさまざまな問題の答えを知る方法です。三千年の歴史と知恵を学ぶことで、人生の道標_{どうひょう}としてお役に立つでしょう。真理は目前にあり、生かしてこそ易の心です。

　故恩師の家で易を学ぶかたわらで、世の中の動きや人の悩みなどの話題に耳目_{じもく}を澄ましたのを思い出します。

　易の六十四卦は"人生の縮図"といわれ、「どんなことでも解いてみたい」と述懐しておられた師の慈顔_{じがん}が脳裏に浮かびます。

　読者の皆さまもだんだんと慣れるに従い、問いかければ必ず答えを示してくれる易を信じて、現実の問題と取り組んで参りましょう。

大熊茅楊易学入門　講義録

発行日　2023年12月8日　第1刷発行

著者	二見眞有
監修者	福田有宵
発行者	酒井文人
発行所	株式会社　説話社
	〒102-0074
	東京都千代田区九段南1-5-6
	りそな九段ビル5F

デザイン	菅野涼子／苅谷涼子
DTP	苅谷涼子
編集担当	酒井陽子
編集協力	牧　亜津子／藤沢千穂子
印刷・製本	中央精版印刷

Ⓒ Mayu Hutami Printed in Japan 2023
ISBN　978-4-910924-17-5　C2011